FACULTÉ DE DROIT DE PARIS.

# THÈSE
# POUR LE DOCTORAT

PRÉSENTÉE

PAR

CAMILLE-MARIE DUCHEMIN

Né à Laval (Mayenne)

AVOCAT A LA COUR IMPÉRIALE DE PARIS.

PARIS

IMPRIMERIE DE L. GRIMAUX ET Cie,

16, RUE DU CROISSANT.

1854

# DES OBLIGATIONS SOLIDAIRES

## EN DROIT ROMAIN.

---

# DES SECONDS MARIAGES.

A mon Père, à ma Mère.

A MES FRÈRES ET SŒURS.

A MON ONCLE LOUIS DUCHEMIN.

FACULTÉ DE DROIT DE PARIS.

# THÈSE
# POUR LE DOCTORAT.

L'ACTE PUBLIC SUR LES MATIÈRES SUIVANTES SERA SOUTENU

le mercredi 26 avril 1854, à 2 heures et demie,

PAR

CAMILLE-MARIE DUCHEMIN,

Né à Laval (Mayenne),

AVOCAT A LA COUR IMPÉRIALE DE PARIS.

Président : M. BONNIER, professeur.

SUFFRAGANTS : MM. PELLAT, BRAVARD-VEYRIÈRES, OUDOT, professeurs. DEMANGEAT, suppléant.

Le candidat répondra en outre aux questions qui lui seront faites sur les autres matières de l'enseignement.

PARIS

IMPRIMERIE DE L. GRIMAUX ET Cie,

46, RUE DU CROISSANT.

1854

# DROIT ROMAIN.

---

## DES OBLIGATIONS SOLIDAIRES.

---

### CHAPITRE PRÉLIMINAIRE.

1. L'obligation est un lien de droit (*vinculum juris*) qui astreint une personne envers une autre à donner, à faire ou à ne pas faire quelque chose.

Deux personnes figurent nécessairement dans une obligation : une personne obligée (*debitor*), une personne envers qui le *debitor* est obligé (*creditor*).

Mais dans une même obligation, il peut y avoir plusieurs débiteurs d'un seul créancier, ou plusieurs créanciers d'un même débiteur. Alors, en général, chaque créancier, ou chaque débiteur, indépendant de ses cocréanciers ou de ses codébiteurs, reçoit ou paye sa part dans l'obligation. Si Primus a promis cent à Titius et à Sempronius, Titius n'aura le droit d'exiger que cinquante et Sempronius cinquante. Si Primus et Secundus ont promis cent à Titius, Titius ne pourra exiger que cinquante de Primus et cinquante de Secundus.

2. Quelquefois auprès d'un créancier ou d'un débiteur principal viennent se grouper des créanciers ou des débiteurs accessoires, intervenant pour l'avantage ou la sûreté des parties. L'*adjectus solutionis causâ*, les *adpromissores*, sous leurs différentes formes, se rangent dans cette catégorie.

3. Enfin, il est possible que deux débiteurs se trouvent engagés de telle sorte envers un créancier, que ce créancier ait le droit d'exiger de chacun d'eux la totalité de la dette, et que le payement fait par l'un d'eux libère l'autre; ou bien qu'un débiteur se trouve engagé envers plusieurs créanciers, de telle sorte que le payement fait à l'un d'eux de la totalité de la dette le libère envers tous, que chacun ait le droit d'exiger la totalité de la dette, et cela indépendamment de la nature de l'objet dû.

4. Ces créanciers ou ces débiteurs réunis dans une créance ou une dette commune sont appelés *duo* ou *plures rei credendi*, *duo rei debendi*, *correi credendi*, *correi debendi* (expressions que nous traduisons par créanciers et débiteurs solidaires, quoique l'expression de solidarité n'exprime pas l'union qui existe entre les *correi credendi* ou les *correi debendi, etc...*) et que de deux personnes débitrices chacune d'elles puisse être contrainte de payer *in solidum* une dette, sans qu'elles soient pour cela dans la position de *correi debendi*.

Nous examinerons :

1° Comment se forment les obligations solidaires ;

2° Quels sont les effets de la solidarité ;

3° Comment s'éteignent les obligations solidaires;

4° Enfin, nous étudierons certaines obligations qui, sans réunir tous les caractères des obligations solidaires, s'en rapprochent cependant par certaines conséquences qu'elles entraînent.

## CHAPITRE PREMIER.

### FORMATION DES OBLIGATIONS SOLIDAIRES.

5. C'est le contrat verbal de stipulation qui, le plus souvent, donne naissance à la solidarité; c'est là que les principes qui

régissent cette matière trouvent leur développement le plus complet; nous ferons donc dans une première section une étude spéciale de la manière dont la solidarité se forme dans la stipulation, et dans une section suivante nous verrons comment elle peut avoir lieu dans les autres contrats ou actes juridiques.

## SECTION PREMIÈRE.

### DE LA SOLIDARITÉ DANS LES OBLIGATIONS QUI NAISSENT DE LA STIPULATION.

6. Primus et Secundus interrogent successivement Titius, qui, après les deux interrogations, ne fait qu'une seule réponse. Il y a une seule obligation envers deux créanciers, Primus et Secundus sont *correi credendi*. Primus et Secundus, interrogés successivement par Titius, promettent ensuite dans les mêmes termes la même somme; quoiqu'il y ait deux débiteurs, il n'y a qu'une seule dette envers un seul créancier; Primus et Secundus sont *correi debendi*. L'esprit formaliste de l'ancien droit romain se révèle dans toute sa pureté. C'est qu'il s'agit ici de la stipulation, contrat éminemment de droit strict, où l'on s'attache à la rigueur des termes plutôt qu'à la volonté présumée des parties.

Mais plus tard l'intention des contractants, les circonstances du fait viennent aussi exercer leur influence même dans la stipulation. Plusieurs textes du Digeste nous le prouvent (1), et Justinien vint enfin décider que la solidarité ne pourrait résulter que de l'intention des parties formellement exprimées (2). A toutes les époques, du reste, la solidarité, soit de la part des créanciers, soit de la part des débiteurs, ne se présume pas; et toutes les fois qu'il y a doute, on se prononce pour la non-solidarité (3).

7. Pour que l'obligation soit solidaire, il ne suffit pas que chacun des débiteurs soit obligé d'effectuer la prestation en entier,

---

(1) Liv. XLV, tit. 2, L. 3, pr., Dig., et liv. XLVI, tit. 2, L. 8, § 2, Dig.
(2) Nov. 99.
(3) Liv. XLV, tit. 2, L. 11, § 1, Dig.

comme il arrive dans les obligations indivisibles, qui ne sont pas pour cela solidaires; il faut que, par l'acte même qui donne naissance à l'obligation, chacun des débiteurs se soit obligé à payer le tout *totum et totaliter debeat*.

8. Les interrogations et les réponses des créanciers et des débiteurs doivent avoir lieu de suite, sans quoi il y aurait autant d'obligations distinctes que de demandes et de réponses séparées (1). Si cependant, entre les réponses de plusieurs débiteurs, on intercalait une stipulation accessoire à la stipulation principale, ayant pour but, par exemple, de donner un fidéjusseur à l'un des débiteurs, cette intervention n'empêcherait pas l'obligation d'être solidaire ().

9. Deux débiteurs peuvent être solidaires, quoique obligés différemment : par exemple l'un purement, l'autre à terme ou sous condition.

En effet, si l'obligation solidaire est une par rapport à la chose qui en fait l'objet, elle est multiple par rapport aux personnes qui l'ont contractée. Chacun des débiteurs peut être lié par des liens plus ou moins forts envers le créancier ou les créanciers (3). Il faut cependant, pour que la solidarité existe, que l'obligation soit une et doive, dans la prévision des contractants, rester la même pour tous. Ainsi il n'y aurait pas solidarité entre les débiteurs, si l'un d'eux s'obligeait à être responsable de sa faute seule (*culpa levis*), tandis que l'autre ne consentait à être responsable que de son dol. Dans ce cas, en effet, il n'y a plus unité d'obligation, l'un des débiteurs pouvant ne rien devoir, tandis que l'autre sera encore obligé (4).

Il en serait autrement si chacun des débiteurs s'était chargé de la même responsabilité, mais que, par un pacte intervenu postérieurement, le créancier eût fait remise à l'un d'eux de son obligation dans la faute. Car, pour distinguer la nature

(1) Liv. XLV, tit. 2, L. 12, pr., et liv. XLV, tit. 1, L. 137, pr.
(2) Ibid., tit. 2, L. 6, § 3.
(3) Ibid., L. 7.
(4) Ibid., L. 9, § 2.

d'une obligation, c'est au moment où elle se forme qu'il faut la considérer; la convention passée postérieurement avec un des débiteurs ne peut pas empêcher l'obligation d'être solidaire. Nous dirons de même que l'obligation contractée par deux personnes, dont l'une est un pupille, ne peut pas être solidaire, car le pupille non autorisé n'est pas valablement obligé (1).

10. Le but que deux créanciers se proposent en stipulant, les empêche quelquefois d'être solidaires. Ainsi deux personnes ne peuvent avoir une créance corréale d'un usufruit, d'une dot; car du moment qu'il y a deux créanciers réels principaux, il y aura deux dots, deux usufruits (2).

11. Ajoutons enfin que l'obligation de faire est susceptible de solidarité active ou passive comme l'obligation de donner. Ainsi deux ouvriers peuvent s'engager solidairement à exécuter un ouvrage; deux personnes peuvent stipuler solidairement d'un même ouvrier l'exécution d'un ouvrage (3).

## SECTION DEUXIÈME.

### DE LA SOLIDARITÉ EN DEHORS DU CONTRAT VERBAL DE STIPULATION.

12. Les obligations solidaires ne résultent pas seulement de la stipulation, puisque tous les autres contrats peuvent leur donner naissance.

On retrouve la solidarité dans le contrat *litteris*.

On sait comment se formait ce contrat. Un romain écrivait sur son livre de compte qu'il avait prêté telle somme à Titius; cette mention faite de la dette de Titius l'obligeait valablement. On sait aussi que ce contrat, très usité encore au temps de Cicéron, tomba en désuétude et ne subsista que par rapport aux banquiers.

Si un *argentarius* écrit sur son livre de compte qu'il a prêté cent à Titius et à Seius, en exprimant que cette somme n'est

(1) Liv. XLV, tit. 2, L. 12, § 1.
(2) Ibid., L. 15.
(3) Ibid., L. 3.

due qu'une seule fois, *nomina simul facta sunt*, Titius et Seius seront tenus solidairement de rendre la somme qui leur a été comptée. De même, deux banquiers associés peuvent obliger à leur égard solidairement une personne, en inscrivant sur leurs livres que cette personne leur doit une certaine somme et que cette somme n'est due qu'une seule fois (1).

13. La solidarité peut aussi exister dans la vente, le louage, le dépôt, le commodat. Cela résulte formellement de textes nombreux (2). Par exemple dans la vente, deux personnes se portent acheteurs ou vendeurs de la même chose et veulent s'obliger solidairement, il n'y a pas besoin de stipulation, leur simple volonté exprimée suffit. Dans les contrats de bonne foi, les *pacta adjecta*, faisant partie intégrante du contrat, donnent un moyen facile de rendre l'obligation solidaire.

Nous devons dire cependant qu'il y a des auteurs qui ne reconnaissent de solidarité proprement dite que dans la stipulation et le testament. Les formes strictes de ces actes leur semblent seules compatibles avec les obligations rigoureuses de la solidarité. Peut-être en fut-il ainsi d'abord, mais au temps des jurisconsultes du Digeste, les nombreux textes qui nous parlent des obligations solidaires nous montrent clairement qu'elles n'avaient pas une étendue aussi restreinte.

14. La solidarité peut-elle résulter du *mutuum*? C'est une question controverse. Il semble que par sa nature même, le *mutuum* exclut la solidarité. En effet, c'est un contrat réel dans lequel par conséquent c'est la livraison même de la chose qui donne naissance à l'obligation ; si on livre la chose à une personne, c'est cette personne qui sera obligée en vertu du *mutuum*. Sans doute on pourra faire intervenir des stipulations qui pourront donner naissance à la solidarité ; mais alors elle aura pour cause le contrat verbal et non le contrat réel du *Mutuum*.

(1) Dig., liv. II, tit. 14, L. 9, pr. et liv. IV, tit. 8, L. 34.

(2) Dig., liv. XLV, tit. 2, L. 9, pr. — Liv. XVI, tit. 3, L. 1, § 43. — Liv. XIX, tit. 2, L. 13, § 9. — Liv. XXI, tit. 1, L. 31, § 10. — Liv. XIII, tit. 5, L. 16, pr.

On oppose à ce système plusieurs textes du Code, tous postérieurs à Dioclétien. Ces textes pourraient peut-être avoir rapport au cas où des stipulations ont été jointes au contrat de *mutuum*, et alors ils n'apporteraient aucune innovation. Il est cependant fort possible qu'à cette époque où le droit perdait ses formes rigoureuses, on en soit venu à admettre que le *mutuum* pouvait lui-même donner naissance à la solidarité (1).

15. Le testament peut aussi établir la solidarité du côté des créanciers ou du côté des débiteurs.

Si le testateur a dit : « *Heres meus Titio aut Seio utrique velit decem dato* (2), » il y a solidarité; le payement fait à Titius ou à Seius libérera l'héritier envers l'autre. Si le testateur a dit simplement : « *Heres meus Titio aut Seio decem dato,* » il semble qu'il en doive être de même, et c'est aussi ce qui avait lieu dans l'ancien droit; mais Justinien décide que dans ce cas le legs sera partagé entre Titius et Seius, comme si au lieu de *aut* il y avait *et* (3).

16. Si le testateur a dit : « *Titius heres meus, aut Seius heres meus decem Sempronio dato,* » les deux héritiers sont solidairement obligés à la délivrance du legs; le payement fait par l'un libérera l'autre (4). Dumoulin cependant pense que dans ce cas les héritiers débiteurs du legs ne sont pas véritablement solidaires; ils sont bien obligés de payer pour le tout le legs, mais ils ne sont pas soumis aux autres conséquences de la solidarité; il se fonde sur ce que la loi 8 *De legatis* 1° dit *quasi si duo rei*. Mais Pothier, d'accord avec Bartole, démontre avec raison que l'adverbe *quasi* doit être pris ici dans le sens de *quemadmodum*; les textes du Digeste, et entre autres la loi 9 *De duobus reis*, démontrent en effet que le testament peut donner lieu à la solidarité passive comme à la solidarité active.

---

(1) Dig., liv. XII, tit. 1, L. 7 et 15. — Liv. XXXVI, tit. 1, L. 37, pr. — Cod., liv. IV, tit. 2, L. 5 et 9. — Liv. 8, tit. 40, L. 4.

(2) Dig., liv. XXXI, L. 16.

(3) Cod., liv. VI, tit. 38, L. 4.

(4) Dig., liv. XXX, L. 8, § 1.

## CHAPITRE DEUXIÈME.

### EFFETS DE LA SOLIDARITÉ.

17. Lorsqu'il y a plusieurs créanciers solidaires, chacun d'eux peut demander au débiteur la totalité de la dette (*solidum*). Jusqu'à ce qu'il soit actionné, le débiteur peut payer à qui il lui plaît; mais dès que les poursuites ont été commencées, c'est seulement au créancier poursuivant que le payement peut être valablement fait (1).

18. Supposons plusieurs débiteurs solidaires, le créancier peut de même choisir le débiteur qu'il veut actionner et lui demander la totalité. Si au lieu d'exiger la somme due dans son entier, le créancier reçoit de l'un des débiteurs solidaires le payement de sa part, il ne peut plus demander aux autres codébiteurs que ce qui reste dû et non la totalité; s'il demandait le tout, on le repousserait par l'exception de dol (2).

19. Le payement étant fait en entier à l'un des créanciers solidaires, celui-ci n'est pas comptable envers ses cocréanciers de ce qu'il a reçu. En effet, chaque créancier solidaire poursuivant le débiteur en vertu d'une action qui lui est entièrement propre, ne reçoit que ce qui lui est dû. Sans doute il peut se faire que plusieurs créanciers solidaires soient associés ou même que celui qui a reçu le payement ne soit que le mandataire de son cocréancier, si par exemple il n'était venu se joindre à la stipulation que sur la demande de celui-ci et comme *adstipulator*.

Dans ce cas le recours aura lieu soit par l'action *socii*, soit par l'action *mandati*, pour partie ou pour le tout. Mais cette association ou ce mandat n'est pas essentiel à l'obligation solidaire. En recevant le payement du débiteur, chaque créancier ne fait que sa propre affaire, puisqu'il ne reçoit que ce qui lui est dû et ce qu'il avait droit d'exiger (3).

20. S'il y a plusieurs débiteurs solidaires, le créancier peut demander à chacun d'eux toute la dette. Le débiteur qui a payé

(1) Code, liv. II, tit. 4, L. 18.
(2) Dig., liv., XLV, tit. 2, L. 16.
(3) Dig., liv. XXXV, tit. 2, L. 62.

le tout sans restriction a-t-il un recours contre ses codébiteurs ? Il faut encore répondre négativement (1). Nous examinerons tout à l'heure les exceptions.

Le débiteur, en effet, ne fait pas, en payant la dette, l'affaire de ses codébiteurs. Son obligation est conditionnelle. Du moment où il est choisi par le créancier, c'est lui seul qui est débiteur. Vinnius, qui soutient l'opinion contraire, oppose à notre système une loi du Code de Justinien qui semble accorder un recours au débiteur qui a payé (2). Mais cette loi ne peut-elle pas s'entendre de codébiteurs associés, puisqu'il s'agit d'un emprunt fait en commun ? L'on ne peut pas dire que le recours peut avoir lieu en général par l'action *de in rem verso*, parce que les codébiteurs se seraient enrichis au préjudice du débiteur qui a payé. Sans doute ils gagnent au choix du créancier ; mais ce choix n'est pas le fait du débiteur actionné : si quelqu'un a enrichi ses codébiteurs, ce n'est donc pas lui, mais le créancier.

21. En principe donc le recours n'a pas lieu, mais exceptionnellement il est admis : 1° s'il a été stipulé entre débiteurs ; 2° si les débiteurs sont associés ; 3° lorsque tous les débiteurs se sont enrichis à raison du fait qui a donné lieu à l'obligation (3).

22. Si la loi n'accorde pas de recours au débiteur qui a payé, il peut s'en procurer un en se faisant céder les actions du créancier qu'il paye. Celui-ci ne peut refuser ce bénéfice au débiteur, car une fois payé, les actions ne peuvent lui servir à rien ; bien plus elles cessent d'exister, et l'on peut se demander comment alors il peut y avoir lieu à une cession d'actions ; c'est que, par une fiction, le débiteur qui paye est censé acheter du vendeur son action contre ses codébiteurs, *non enim in solutum accipit, sed quodam modo nomen debitoris vendidit*, dit Paul en parlant du créancier (4). Si le créancier refusait la cession, le débiteur pourrait repousser sa demande en payement par l'exception de dol.

23. Avant Justinien le bénéfice *cedendarum actionum* devait être réclamé avant la *litis contestatio* ; une novation s'opérait

---

(1) Dig., liv. XXXV, tit. 2, L. 62.
(2) Cod., liv. VIII, tit. 40, L. 2.
(3) Cod., liv. VIII, tit. 40, L. 2.
(4) Dig., liv. XLVI, tit. 1, L. 36.

alors, les actions étaient éteintes, il n'y avait plus de cession possible. Nous verrons plus loin que depuis Justinien la *litis contestatio* perdit cet effet; la cession d'actions put donc être demandée et opérée postérieurement (1). Le débiteur, nanti des actions du créancier, agissait ensuite contre ses codébiteurs.

24. Suivant un grand nombre d'auteurs, la novelle 99 est venue apporter une nouvelle faveur aux codébiteurs. Justinien décide dans cette novelle que, lorsqu'il y aura plusieurs fidéjusseurs réciproques, le juge, devra tous, s'il est possible, les mettre en cause et les condamner par un seul et même jugement; mais chacun restera responsable de la solvabilité de ses codébiteurs jusqu'à ce que la dette soit entièrement payée. Un grand nombre d'auteurs pensent qu'en accordant le bénéfice de division aux fidéjusseurs mutuels, *alterna fidejussione obligatos*, Justinien l'a aussi étendu aux codébiteurs solidaires. En effet, disent-ils, les compromettants solidaires sont de véritables fidéjusseurs mutuels quant à l'effet de l'obligation et à la poursuite du créancier. Il y a des textes au Digeste qui assimilent l'obligation solidaire à une véritable intercession (2). C'est l'opinion de Vinnius et de Cujas. Nous préférons l'opinion contraire adoptée par Doneau. Dans l'ancien droit les fidéjusseurs mutuels n'avaient pas le bénéfice de division, Justinien le leur accorde. Où trouve-t-on l'extension de ce bénéfice aux codébiteurs solidaires, lorsque toute la Novelle ne parle que des cofidéjusseurs mutuels, lorsque le titre grec (περι αλληλεγγυων) montre encore l'intention restrictive du législateur? La fidéjussion même réciproque ne peut s'assimiler dans ses effets à la solidarité des débiteurs. Nous avons déjà vu une différence à propos du recours. Il y en a d'autres encore; le bénéfice de discussion, par exemple, appartient aux fidéjusseurs et n'appartient pas aux codébiteurs solidaires. Un texte du Digeste assimile, il est vrai, l'obligation solidaire à une intercession. Mais, en examinant ce texte, on se

(1) Cod., Liv. VIII, tit. 41, L. 28.
(2) Liv. XVI, tit. 1, L. 17, § 2.

convainc facilement qu'il ne prouve rien pour l'opinion que nous combattons. Il s'agit, en effet, du sénatus-consulte velleïen, et l'on décide qu'une femme qui se sera obligée solidairement avec Titius ne sera pas tenue pour le tout, mais seulement pour sa part. La raison de cette décision est facile à comprendre. On craint qu'au moyen d'un semblant d'obligation solidaire la femme ne se soit portée garante, et l'on annulle son obligation comme présumée faite en fraude du sénatus-consulte. Nous croyons donc que la novelle 99 ne parle que des fidéjusseurs, et nous pensons que c'est à tort que l'authentique qui la résume a été placée à la suite de la constitution deuxième au Code

25. Dans une obligation solidaire chacun des codébiteurs étant tenu à la même dette, il en résulte que si la chose due est un corps certain, et que ce corps certain périsse ou se détériore par le fait d'un des codébiteurs solidaires, la chose promise n'en reste pas moins due par chacun d'eux; le fait d'un débiteur nuit donc à son codébiteur solidaire, *alterius factum, alteri quoque nocet* (1). Une autre loi du Digeste semble entièrement contradictoire ; on y lit en effet : « *Sed si duo rei promittendi sint, alterius mora alteri non nocet* (2). » Faut-il voir là deux opinions diverses de jurisconsultes, ou ces deux lois peuvent-elles être conciliées?

Cette conciliation a été tentée. Nous donnons cette solution tout en croyant qu'il vaut mieux voir là une antinomie comme il y en a plusieurs au Digeste. Les deux textes nous semblent émettre chacun une opinion formelle et qui ne souffre pas de distinction. Quoi qu'il en soit, voici la conciliation présentée par Pothier. Le fait d'un des codébiteurs solidaires préjudicie aux autres *ad conservandam et perpetuandam obligationem*, il ne leur préjudicie pas *ad augendam obligationem ;* les dommages-intérêts qui pourront être dus au créancier ne seront pas solidairement dus par tous, mais seulement par celui dont le fait ou la faute y a donné lieu.

---

(1) Dig., liv. XLV, tit. 2, L. 18.

(2) Liv. XXII, tit. 1, L. 32, § 1. *Voyez aussi* liv. L, tit. 17, L. 173, § 2.

Appliquons ces principes à la demeure. La demeure perpétue l'obligation, en ce sens que la chose due est aux risques et périls du débiteur ; de plus, dans les contrats de bonne foi, elle fait courir les intérêts moratoires. La demeure perpétuera l'obligation à l'égard de tous les codébiteurs solidaires ; en ce sens, le fait d'un des débiteurs nuira aux autres, mais les dommages-intérêts et les intérêts moratoires auxquels la demeure peut servir de point de départ, ne seront dus que par celui des codébiteurs solidaires qui aura été mis en demeure ; de telle sorte qu'on peut dire aussi que la demeure de l'un ne nuit pas à l'autre.

26. Si une peine est stipulée en cas d'inexécution de l'obligation, la peine est due par tous solidairement si elle a été promise par tous, car alors c'est une obligation accessoire, solidaire comme l'obligation principale à laquelle elle est venue s'adjoindre. Si l'un des débiteurs seul s'est obligé sous une clause pénale, c'est lui seul qui est débiteur de la peine. Au cas où elle vient à être encourue, aucun de ses codébiteurs solidaires n'en peut être tenu solidairement, quand même ils seraient entre eux dans la position d'associés.

## CHAPITRE TROISIÈME.

### EXTINCTION DES OBLIGATIONS SOLIDAIRES.

27. *Du payement.* — En tête des causes d'extinction des obligations solidaires doit se placer le payement. Qu'un des créanciers solidaires reçoive le payement du tout, ou qu'un des débiteurs solidaires paye le tout, l'obligation est, comme nous l'avons vu, éteinte entièrement, puisque la dette n'est exigible qu'une seule fois (1).

28. *De l'acceptilation.*—Ce que nous disons du payement, il faut le dire de tous les modes d'extinction qui équivalent au payement. L'acceptilation n'est qu'un payement fictif ; elle éteindra donc la dette tout entière. Si le créancier voulait remettre la dette à un seul de ses débiteurs, en réservant ses droits contre les autres, ou si un des créanciers voulait renoncer à sa

(1) Dig., Liv. XLV, tit. 2, L. 3, § 1.

créance sans porter préjudice à ses cocréanciers, ce serait non à l'acceptilation, mais à un pacte spécial, qu'ils devraient avoir recours (1).

29. *Du serment.* — Le serment aussi a un effet général, c'est-à-dire que le serment déféré par l'un des créanciers solidaires nuit ou profite à ses collègues. De même le serment prêté par l'un des codébiteurs solidaires nuit ou profite aux autres, pourvu toutefois que le serment porte sur l'existence de la dette et non sur l'engagement d'un des codébiteurs (2).

30. *De la novation.* — Si le créancier fait novation avec un des débiteurs solidaires, tous les autres codébiteurs sont libérés. Par la novation, en effet, l'ancienne obligation est éteinte, une nouvelle a pris naissance, à laquelle n'ont pas concouru les autres codébiteurs.

31. La novation est-elle également possible au cas où la solidarité est active? La loi 31, § 1er *De Novationibus*, le décide formellement. Après avoir établi que tout le monde est d'accord pour admettre qu'un seul des créanciers solidaires peut recevoir le payement du tout, faire acceptilation, Venuleius, l'auteur de la loi citée, continue ainsi : « *Secundum quæ, si unus ab aliquo stipuletur, novatione quoque liberare eum ab altero poterit* [*cum id specialiter agit*]; *eo magis cum eam stipulationem similem esse solutioni existimemus.* » On ne peut pas donner une décision plus nette; cette décision se comprend bien du reste; chaque créancier est le maître de la créance, il peut en disposer, faire acceptilation, comme le fait remarquer Venuleius, et ce droit il le conserve jusqu'à ce qu'un de ses cocréanciers, le prévenant, n'ait attaché par la *litis contestatio* l'obligation à sa personne.

En novant, le créancier solidaire agit pour lui, il dispose d'une chose qui lui appartient. Aussi, la loi que nous venons de citer, dispose qu'un créancier solidaire peut déléguer à son pro-

(1) Liv. XLV, tit. 2, L. 2.—Liv. XLVI, tit. 4, L. 13, § 12, L. 16, pr.

(2) Dig., liv. XII, tit. 2, L. 27, 28, pr. et § 3, 42, § 1. — Liv. 44, tit. 5, L. 1, § 3.

pre créancier le débiteur commun et le libérer ainsi, non seulement envers lui, mais envers ses cocréanciers.

Cependant le *principium* de la loi 27 *De pactis*, semble contraire à la doctrine que nous venons d'exposer. Cette loi décide d'abord que lorsque deux banquiers sont associés, l'un ne peut nuire à l'autre en faisant novation ; puis, Paul ajoute : « *Idemque in duobus reis stipulandi dicendum est.* » Plusieurs explications ont été données de cette contradiction. Suivant M. de Savigny, il ne s'agit pas ici de solidarité, mais d'une société de banquiers dans laquelle chacun a bien mandat pour recevoir le payement, mais non pour nover. Il s'appuie sur la loi 52, § 5, *pro socio*. Mais les derniers mots montrent bien que Paul parle bien des créanciers solidaires qu'il assimile précisément aux banquiers associés dont il a parlé dans la première partie.

Une autre explication a été proposée. On a dit : les créanciers solidaires ont ordinairement chacun le droit de faire novation ; mais il en est autrement lorsqu'ils sont associés, et c'est précisément le cas de la loi 27 *De Pactis*. Chacun d'eux alors peut bien recevoir le payement intégral de la dette, sauf à rendre compte à ses cocréanciers, mais il ne peut anéantir entièrement une créance qu'il doit partager avec eux.

Cette explication est ingénieuse, mais elle va trop loin ; car, si on refuse à chaque créancier solidaire associé le droit de novation, on ne voit pas pourquoi on lui accorderait le droit de faire acceptilation ici, pourtant tous les textes ne distinguent pas pour accorder ce droit aux créanciers solidaires. Il faut donc, à notre avis, se résoudre à voir entre ces deux textes une antinomie, résultat d'une controverse entre les jurisconsultes. Le texte de Paul, inséré au titre *De Pactis*, ne peut contrebalancer le titre de Venuleius, au titre *De Novationibus*. Nous croyons donc, en définitive, que, pour se conformer aux vrais principes, il faut dire que chaque créancier solidaire pouvait nover, de même qu'il pouvait recevoir le payement entier ou faire acceptilation (1).

(1) Dig., liv. XLVI, tit. 2, L. 31, § 1. — Liv. II, tit. 14, L. 27, pr. — Liv. XVII, tit. 2, L. 52, § 5.

32. A la novation, il faut assimiler sous ce rapport la transaction; car la transaction valablement faite met à la place d'une créance douteuse une obligation ayant par elle-même une force indépendante.

33. *Confusion.* — Deux hypothèses peuvent se présenter : 1° Dans une obligation solidaire activement ou passivement, un des créanciers solidaires succède au débiteur, ou bien un des débiteurs solidaires succède au créancier. Cette confusion ne détruit pas l'obligation comme ferait le payement ou la novation, elle n'opère que sur les personnes. Ainsi, si la solidarité est active et que l'un des créanciers succède au débiteur, ou le débiteur à l'un des créanciers, les autres créanciers devront lui demander toute la somme due, à moins qu'il n'y ait société entre eux; dans ce cas, ils devraient déduire de leur demande la part de leur ancien cocréancier.

La solidarité est-elle passive? Supposons que l'un des débiteurs succède au créancier, ou réciproquement. Le débiteur pourra demander toute la dette à ses codébiteurs, excepté s'ils étaient associés; il devrait alors retrancher sa part dans la dette (1).

34. 2° Lorsque de deux créanciers solidaires ou de deux débiteurs solidaires l'un succède à l'autre, il n'y a pas non plus réellement confusion. Le créancier héritier ou le débiteur est cocréancier ou codébiteur avec la personne morale du défunt qui persiste en lui; il peut agir ou être poursuivi, soit en son nom, soit au nom du défunt qu'il représente. Cette fiction est toute à l'avantage du créancier, qui peut prendre tel ou tel rôle, suivant qu'il lui est plus ou moins utile, et actionner son débiteur en telle qualité qu'il veut choisir (2).

35. *Litis contestatio.* — Dans les actions *in personam*, qualifiées de *legitima judicia*, si la formule était conçue *in jus*, l'obligation se trouvait, par la délivrance de la formule, transfor-

---

(1) Dig., liv. XLVI, tit. 1, L. 71, pr.

(2) Dig., liv. XLV, tit. 2, L. 13. — Liv. XLVI, tit. 3, L. 93, pr. — Liv. XLVI, tit. 1, L. 5.

mée en une autre obligation, celle d'être jugé. Si l'on ne se trouvait pas dans l'un des cas que nous venons d'énumérer, le débiteur poursuivi de nouveau pouvait se défendre par l'exception *rei in judicium deductæ*.

La *litis contestatio* opérant novation, si la solidarité est active, le créancier premier poursuivant fait sienne l'obligation. Le débiteur n'a plus qu'un créancier, celui qui l'a poursuivi; il est libéré envers les autres, la solidarité est éteinte (1).

36. Il en était de même avant Justinien de la solidarité passive. Le créancier, en poursuivant un des débiteurs solidaires, restreignait sa créance à celui qu'il poursuivait; la *litis contestatio* opérait novation, tous les autres codébiteurs étaient libérés quelle que fût l'issue du procès. Justinien apporta sous ce rapport un notable changement; il décida que, malgré la *litis contestatio*, le créancier conserverait un recours contre tous les codébiteurs solidaires jusqu'à l'entier payement (2).

37. *Prescription.* — Théodose décida que les actions perpétuelles se prescriraient par trente ans. Si aucun des créanciers n'a agi pendant ce temps l'obligation solidaire sera éteinte. Mais la prescription peut être interrompue de diverses manières, par exemple, la reconnaissance de la dette par le débiteur.

Il suffira de la reconnaissance faite par un des codébiteurs solidaires pour que la perception soit interrompue à l'égard de tous (3).

38. Il y a des cas où la créance n'est pas éteinte, mais où les débiteurs peuvent se défendre des poursuites de leurs créanciers en leur opposant certaines exceptions.

Examinons quels effets produisent quelques-unes de ces exceptions par rapport aux obligations solidaires.

39. *Compensation.* — Chaque codébiteur solidaire peut opposer au créancier qui l'actionne la créance qu'il a contre lui, mais il ne peut lui opposer la créance que pourrait avoir son

(1) Dig., liv. XLVI, tit. 2, L. 31, § 1.—Liv. XLV, tit. 2, L. 2.
(2) Cod., liv. VIII, tit. 41, L. 28.
(3) Cod., liv. VIII, tit. 40, L. 5.

codébiteur solidaire, à moins qu'ils ne soient associés. Dans ce cas, la compensation doit être admise pour la part dans la dette du codébiteur associé. Sans cela, le débiteur actionné, forcé de payer le tout, aurait un recours contre son codébiteur, qui lui-même recourrait contre le créancier; il en résulterait un circuit d'actions qu'on évite en admettant dans ce cas la compensation (1).

4° *Du Pacte.* — En principe, le pacte intervenu entre deux personnes ne profite pas à d'autres. Les tiers cependant peuvent se prévaloir d'un pacte lorsque celui même qui a pactisé y est intéressé (2). Appliquant ces principes au cas de solidarité, nous dirons : Le pacte intervenu entre un des créanciers solidaires et le débiteur ne garantit pas celui-ci des poursuites des autres créanciers solidaires; le pacte intervenu entre le créancier et l'un des débiteurs solidaires ne garantit pas ses codébiteurs. Mais ne faut-il pas admettre qu'il en serait autrement s'il y avait association entre les divers débiteurs ou les divers créanciers ? Nous le pensons, et nous dirons que dans ce cas le débiteur poursuivi pourra opposer au créancier poursuivant le pacte intervenu avec son cocréancier solidaire pour la part que celui-ci recueillerait dans la dette. Le débiteur solidaire pourra de même opposer au créancier le pacte intervenu avec son codébiteur pour la part que celui-ci serait obligé de supporter. Sans cela, au moyen du recours que l'action *pro socio* donnerait, soit au débiteur, soit au créancier, le premier serait forcé de supporter sa part dans la dette; le second pourrait participer au payement reçu ; le pacte intervenu serait par le fait devenu inutile.

## CHAPITRE QUATRIÈME.

### DE LA SOLIDARITÉ IMPARFAITE.

41. Nous avons distingué trois causes d'obligations solidaires : la stipulation, le testament, les *pacta adjecta*, dans les contrats de

(1) Dig., liv. XLV, tit. 2, L. 10.
(2) Dig., liv. L, tit. 17, L. 73.— Liv. II, tit. 14, L. 21, § 5.

bonne foi. Ce sont là les seules causes de solidarité parfaite, les seules qui donnent naissance aux obligations que les commentateurs ont appelées corréales.

Mais il y a d'autres cas où le créancier ayant plusieurs obligés pour la même dette peut exiger de chacun la totalité (*solidum*). Il n'y a pas cependant alors de solidarité proprement dite, parce que ce qui distingue spécialement l'obligation corréale, c'est-à-dire l'unité d'action résultat de la constitution même de l'obligation, ne se retrouve plus.

Examinons successivement les différents cas qui peuvent se présenter.

42. Dans l'obligation indivisible, chacun des débiteurs peut être obligé *in solidum*; mais, dans ce cas, c'est la nature même de l'objet qui est considérée, c'est à cause de son indivisibilité, et non à cause de la convention, que l'objet peut être demandé en entier à chacun des débiteurs (1). Aussi Dumoulin fait-il bien remarquer la différence qui existe entre l'obligation solidaire et l'obligation individuelle, lorsqu'il dit : *Aliud plures teneri in solidum, aliud teneri ad individuum : seu obligationem esse individuam.*

43. Dans les obligations qui résultent d'un dol ou d'un délit, chacun des obligés est tenu de la peine, et l'exécution de la sentence contre l'un n'empêche pas de poursuivre l'autre. Mais ce que nous disons ici s'applique aux actions pénales et ne doit pas être étendu au delà. Ainsi, s'il s'agit d'un vol, les codélinquants sont tenus d'une manière toute différente, suivant qu'ils sont poursuivis par l'action *furti* ou par la *condictio*. Par la première, le plaignant peut demander à chacun le double ou le quadruple, et l'action dirigée contre l'un, la satisfaction même obtenue contre l'un, ne libère pas les autres. Par la condiction, au contraire, la satisfaction obtenue de l'un libère tous les autres; mais la satisfaction seulement, et non la *litis contestatio* (2).

(1) Dig., liv. X, tit. 2, L. 25, § 10.
(2) Dig., liv. II, tit. 10, L. 1, § 4. — Liv. IX, tit. 3, L. 3. — Liv. IV, tit. 2, L. 13, § 15.—Liv. XLIII, tit. 24, L. 15, § 2.—Liv. XLVII, tit. 4, L. 1, § 19.—Cod., liv. IV, tit. 8, L. 1.

Le caractère particulier de chacune de ces actions explique cette différence. L'action *furti* est une action pénale; tous ayant encouru la peine, tous doivent la subir; l'expiation de l'un ne peut profiter aux autres.

La *condictio*, au contraire, a pour but de faire restituer au coupable la chose avec tous ses accessoires, ou bien à payer des dommages-intérêts au propriétaire. Cette restitution ayant eu lieu par l'un ou par l'autre des délinquants, il ne peut plus rien être demandé aux autres.

44. Il y a en outre plusieurs contrats d'après lesquels, lorsqu'il y a plusieurs débiteurs, chacun peut être actionné pour le tout, mais celui qui a payé a un recours contre ses codébiteurs. Le payement intégral ne résulte pas du contrat lui-même, c'est la loi qui l'établit, pour le plus grand avantage du créancier.

45. Ainsi, cette action, pour le tout, est donnée contre plusieurs tuteurs, curateurs ou administrateurs chargés indivisément d'une même gestion (1) contre plusieurs mandants agissant en commun et ayant un préposé pour conduire un navire ou administrer un fonds de commerce qu'ils possèdent ensemble (2) contre plusieurs locataires, commodataires ou dépositaires d'une même chose (3).

46. En résumé, dans les obligations solidaires proprement dites, il y a bien plusieurs créanciers ou plusieurs débiteurs, mais l'action est unique, l'objet de l'obligation aussi est unique. En dehors de cela peut bien se rencontrer l'obligation de payer toute la dette; mais ce caractère ne suffit pas pour constituer la véritable solidarité.

(1) Dig., liv. XXVI, tit. 7, L. 38.—Liv. XVII, tit. 1, L. 06, § 2.
(2) Dig., liv. XIV, tit. 1, L. 4. § 1.—Liv. XIV, tit. 3, L. 13, § 2.
(3) Dig., liv. XIII, tit. 6, L. 5, § 15.—Liv. XVI, tit. 3, L. 1, § 43.

# DES SECONDS MARIAGES.

---

En examinant les législations diverses qui se sont succédé, on est frappé de la diversité de leurs prescriptions sur les seconds mariages. Ordonnés à une époque sous des peines sévères, on les retrouve à une autre époque, sinon défendus, du moins entourés de restrictions et de difficultés.

Mais alors même que la loi leur est le plus favorable, l'esprit public qui nous est transmis par les poëtes et les historiens proteste contre cette faveur et entoure de son respect la femme surtout qui garde sa fidélité à son ancien époux.

Cette fidélité posthume est une vertu, non un devoir; on doit l'admirer, on ne peut la commander. Le législateur moderne l'a senti; il a laissé à chacun la liberté de se remarier. Mais en même temps il devait s'occuper des enfants du premier mariage, dont les intérêts, s'ils n'étaient protégés, seraient souvent sacrifiés par la passion ou l'entraînement de leurs parents. C'est uniquement à ce point de vue qu'il s'est occupé des seconds mariages, les assimilant entièrement aux premiers, lorsque l'intérêt des enfants d'un premier lit ne vient point réclamer sa vigilance et sa protection.

Ainsi, liberté de se remarier, mais protection aux enfants du premier lit, tel est le résumé de notre législation actuelle.

Dans une première partie nous examinerons les seconds mariages antérieurement au Code Napoléon, et dans une seconde nous exposerons notre législation actuelle, en insistant surtout sur les points qui sont controversés par les auteurs et la jurisprudence.

# PREMIÈRE PARTIE.

---

# NOTIONS HISTORIQUES.

---

## CHAPITRE PREMIER.

### LÉGISLATION ANCIENNE CHEZ LES DIFFÉRENTS PEUPLES ET PARTICULIÈREMENT A ROME.

### SECTION PREMIERE.

#### LÉGISLATIONS PRIMITIVES.

1. Les législations qu'on peut appeler primitives ne nous offrent sur les secondes noces que des dispositions équivoques et souvent contradictoires entre elles.

2. Chez les Hébreux, une veuve sans enfants doit épouser le frère de son mari, ou à son défaut le plus proche parent du défunt, afin de pouvoir perpétuer sa race ; mais pour empêcher la confusion de part, les fiançailles d'une veuve n'ont lieu que trois mois après la mort de son premier mari et le mariage trois autres mois après. A côté de ces dispositions s'en trouvent d'autres moins importantes. La femme a sur les biens de son mari une espèce de douaire, mais il n'appartient pas aux veuves qui se remarient : c'est le prix de la virginité (1), et au Livre de Judith nous voyons le peuple qu'elle a sauvé, chantant ses louanges, mettre au nombre de ses vertus le refus de se remarier après avoir perdu son premier époux (2).

---

(1) Pastoret, *Histoire de la Législation*, t. I.

(1) Judith, XV, 10, 11.

3. Chez les Égyptiens comme chez les Hébreux, une femme restée veuve sans enfants doit épouser le frère de son mari (1).

4. Chez les Perses, où nous trouvons aussi une espèce de douaire, la veuve qui se remarie n'a qu'un douaire inférieur, car, dit le *Zend-Avesta*, elle est censée appartenir toujours à son premier mari (2).

5. Chez les Athéniens, d'après les lois de Solon, il y avait certaines cérémonies d'où les femmes remariées étaient exclues comme indignes.

6. Chez les Thuriens et les Sybarites, d'après la législation de Charondas, ceux qui, après la mort de leur femme, donnaient une belle-mère à leurs enfants, devaient être écartés du sénat et des comices; et si une femme répudiait son mari ou un mari sa femme, ils ne pouvaient prendre un nouvel époux plus jeune que le premier (3).

7. Dans l'ancienne législation de Rome nous ne trouvons rien qui ait rapport aux seconds mariages. Nous savons seulement qu'une veuve ne pouvait se marier que dix mois après la mort de son premier mari. En outre, nous avons quelques passages des historiens qui nous montrent le peu de faveur qu'obtenaient les nouvelles unions.

Les femmes mariées une seule fois avaient seules le droit à la couronne publique (4) ; seules elles avaient droit de couronner la statue de la Fortune Féminine (5) ; enfin c'était faire un magnifique éloge d'une matrone romaine que de graver sur son tombeau ce mot : *Univira*.

8. Mais ces mœurs sévères et chastes avaient disparu dans les derniers temps de la République. A cette époque de débauche et de corruption les *justæ nuptiæ* étaient abandonnées ou changées en libertinage par des divorces annuels; le célibat était à la mode, et tandis que disparaissaient les anciennes fa-

(1) Pastoret, t. I.
(2) Ibid., t. IX, p. 400.
(3) Diodore de Sicile, liv. XII. ch. 12.
(4) Valère-Maxime, liv. II, ch 1.
(5) Denys d'Halycarnasse, VIII.

milles romaines décimées par les guerres civiles et les proscriptions, le flot toujours grosssi des affranchis et des pérégrins menaçait d'envahir Rome veuve de citoyens romains.

9. Auguste comprit le danger, et ce fut pour y remédier que furent faites les lois *Julia* et *Pappia Pappœa*, lois immenses qui embrassent et le mariage et la paternité et la légitimation, monument législatif le plus considérable depuis la loi des Douze Tables, véritable Code de la famille romaine. Nous n'avons à nous en occuper que par rapport aux seconds mariages.

## SECTION DEUXIÈME.

### LOIS CADUCAIRES.

10. Une première loi avait été présentée aux comices et rejetée l'an 737 de Rome ; elle ne fut adoptée que vingt ans après, l'an 757 : c'est la loi *Julia de maritandis ordinibus*. Plus tard, l'an de Rome 762, une autre loi, *lex Pappia Pappœa*, vint compléter la première. Ces deux lois furent fondues en une seule pour présenter un système complet.

11. D'après ses dispositions, que nous allons analyser, tous les hommes au-dessus de vingt-cinq ans et au-dessous de soixante, toutes les femmes au-dessus de vingt ans et au-dessous de cinquante doivent être engagés dans de justes noces (1). Tous ceux qui enfreignent la loi ne peuvent recueillir ni successions, ni legs de leurs parents au delà du sixième degré.

12. Les fidéicommis n'étaient pas compris dans cette prohibition ; ils pouvaient donc être recueillis par les *cœlibes*, mais le sénatus-consulte Pégasien les assimile sous ce rapport complétement aux legs (2).

13. Cette part enlevée aux *cœlibes* est attribuée à ceux des héritiers ou légataires qui ont des enfants, *patres*.

Les femmes ont un certain délai pour se remarier : à partir

---

(1) Ulpien, Règles, tit. 16, § 1.
(2) Gaius, *Inst. Comm.*, II, § 286.

de la mort de leur mari, deux ans ; à partir du divorce, dix-huit mois. Du reste, lorsqu'une libéralité arrive à un *cœlebs* (et par-là on entend les veufs aussi bien que les célibataires), il a cent jours pour opter entre le célibat et la libéralité.

On conçoit combien les unions qu'un pareil mobile avait fait contracter étaient peu durables. On prenait une femme pour recueillir la libéralité et on la quittait le lendemain. Aussi, ces mariages imposés par la loi excitaient-ils les plaisanteries des Romains, que Martial ne fait sans doute que reproduire lorsqu'il dit :

« Quæ legis causa nupsit tibi, Lælia, Quinte,
» Uxorem potes hanc dicere legitimam. »

**14.** Mais il peut arriver qu'un testateur mette pour condition à sa libéralité que celui à qui il l'adresse garde le célibat ou la viduité. Un chef de la loi, connu sous le nom de *Lex Miscella*, ordonne que cette condition soit réputée non écrite et que la libéralité soit recueillie par le légataire, nonobstant son mariage (1).

**15.** Telles sont en résumé les dispositions de ces lois, qui avaient pour but de punir le célibat et de récompenser le mariage et la fécondité en attribuant aux *patres* la part enlevée aux *cœlibes*.

Le fisc ne venait qu'à défaut de *patres, Fiscus poet omnes.* Antonin Caracalla attribua les *caduca* directement au fisc (2).

Les lois caducaires furent seulement alors des lois purement fiscales. Elles continuèrent ainsi d'exister jusqu'à Constantin, qui supprima les peines du célibat ; mais ce fut seulement Justinien qui les abolit expressément.

## SECTION TROISIÈME.

### LÉGISLATION DES EMPEREURS CHRÉTIENS.

**16.** Le christianisme apportait dans le monde de nouveaux principes. En même temps qu'il faisait du mariage un sacre-

(1) Dig., L. 62, 74, 79, *De condit.* et *De demonst.*
(2) Ulpien, Règles, XVII, § 2.

ment, il proclamait la chasteté et la continence une vertu. Il tendait à resserrer le lien conjugal et à restreindre le divorce qu'il ne pouvait encore détruire. Les lois caducaires ne pouvaient subsister dans une législation chrétienne ; toutefois, en les abolissant, les empereurs ne replacèrent pas les choses dans leur ancien état. Une foule de constitutions, depuis Constantin jusqu'à Justinien, modifièrent successivement la législation des secondes noces ; mais une chose digne de remarque, c'est que c'est alors seulement que les peines des seconds mariages commencèrent à avoir pour but de protéger les enfants du premier lit.

17. Constantin restreint le divorce (1) ; il n'est plus permis que pour causes déterminées. Si le mari répudie sa femme, hors des cas permis, et qu'il en épouse une autre, la première peut saisir et se faire attribuer la dot de la nouvelle épouse. Quant à la femme, si elle quitte son mari pour des causes légères, elle ne peut en prendre un autre ; si c'est pour une des causes permises, elle peut se remarier cinq ans après la répudiation. Le mari au contraire, qui répudie sa femme pour des causes graves, peut se remarier immédiatement. Si ce que le mari reproche à sa femme est plutôt légèreté que crime, il ne peut se remarier et la femme peut le faire immédiatement (2).

18. Lorsque le mariage est dissous par la mort de la femme, le mari peut se remarier immédiatement ; quant à la veuve, elle ne pouvait déjà dans l'ancien droit se remarier qu'après dix mois. Théodose reporte à douze mois le temps du veuvage obligé.

19. Si la femme se remarie pendant l'an de deuil, elle encourt l'infamie ; de plus, elle perd tout ce qu'elle a reçu de son mari, soit par testament, soit par convention matrimoniale (3). Elle ne peut rien prétendre sur ce qui lui est laissé, soit par donation entre vifs, soit par testament, ni même sur les successions *ab intestat* au delà du troisième degré.

---

(1) Cod. Th., liv. III, tit. 16, L. 1, Constantin.

(2) Cod. Th., liv. III, tit. 16, L. 2.

(3) Cod. Th., *De secund. nupt.*, L. 1. — Code Just., liv. V, tit. 3, L. 1.

Théodose s'était interdit le droit d'accorder des dispenses à la femme pour se marier pendant l'année de deuil, mais cette partie de sa constitution n'a pas été insérée dans le Code de Justinien.

20. Après l'an de deuil, le convol est permis, mais il ne faut pas que le second mariage préjudicie aux enfants du premier lit. En conséquence, les femmes qui, ayant des enfants d'un premier mariage, en contractent un second, ne gardent que l'usufruit des biens donnés par le premier mari, soit au moment du mariage, soit par testament, legs ou fidéicommis. Elles sont obligés de les conserver pour les transmettre aux enfants de leur premier mariage, ou à celui d'eux qu'elles choisissent pourvu qu'il en soit digne. Si les enfants décèdent avant la femme, elle recouvre la libre disposition de ses biens.

Si la femme est appelée à recueillir la succession d'un de ses enfants du premier lit, elle ne peut prendre que l'usufruit et elle est obligée de conserver la nue propriété aux frères ou sœurs survivants (1). Telle est la loi *Fœminæ*, édictée par Gratien, Théodose et Valentinien, modifiée, expliquée par les constitutions de leurs successeurs ; elle est restée la base des droits des enfants du premier lit dans la législation romaine et dans notre ancien droit français.

Cette loi ne concernait que les femmes.

21. Une autre constitution de Théodose et Valentinien (2) veut que les hommes qui se remarient soient soumis à la même obligation pour les biens qui leur sont venus de leur première femme.

22. L'époux survivant pouvait, d'après la loi *Fœminæ*, laisser à celui de ses enfants du premier lit qu'il choisirait, les biens qui lui venaient de son premier conjoint. Une novelle de Justinien supprime cette faculté ; désormais tous les enfants du

---

(1) Code Th. *De secund. nupt.*, L. 2.—Code Just., liv. V, tit. 9, L. 3.

(2) Code Th., liv. VIII, tit. 18, L. 10. — Code Just. liv. V, tit. 9, L. 5, pr.

premier lit devront se partager cette réserve(1). Elle comprend tout ce qui est venu au père ou à la mère remariés à l'occasion de leur premier mariage, non-seulement de l'époux décédé, mais de n'importe quelles personnes (2).

23. Cette réserve appartient aux enfants du premier lit, qu'ils soient héritiers ou non. C'est à leur qualité d'enfants ou de descendants qu'elle est attachée. Rien ne peut la leur enlever. Si les biens qui la composent sont aliénés, ils ont trente ans pour les revendiquer.

Mais le testament du père, la loi souveraine qui régit les biens de la famille, peut relever la femme des peines des secondes noces (3).

Les enfants aussi peuvent, en instituant leur mère, lui donner une part dans la pleine propriété de leurs biens (4).

De plus, Justinien, abrogeant sur ce point la loi *Fœminæ*, veut que la femme vienne en concurrence avec ses enfants du premier lit dans la succession d'un de leurs frères décédant intestat, pourvu qu'il ne s'agisse que de ses biens personnels; car pour les biens paternels, recueillis dans sa succession, elle n'en aura toujours que l'usufruit (5).

24. Le second mariage a encore pour effet de retirer à la femme, ou du moins de restreindre le droit qu'elle a de révoquer, pour cause d'ingratitude, les donations qu'elle a faites à ses enfants. De plus, si elle est tutrice, elle perd la tutelle.

25. Autrefois, les femmes étaient incapables d'être tutrices. En 390, une constitution de Valentinien, Théodore et Arcadius, les admit à la tutelle de leurs enfants, sous la condition qu'elles renonceraient à se remarier.

Si, après avoir pris la tutelle, la femme se remarie, le second mari est responsable, sur ses biens personnels, de la gestion de la tutelle.

---

(1) Nov. 22, ch. 25.
(2) Nov. 22, ch. 23, 24, 26.
(3) Nov. 22, ch. 2.
(4) Nov. 2, ch. 3.
(5) Nov. 22, ch. 46.

26. Théodose le Jeune ne se contenta plus d'une simple affirmation, il voulut que la femme prêtât serment de renoncer à de secondes noces (1). Si la femme, après avoir accepté la tutelle, contracte un second mariage, sans avoir fait nommer un tuteur, rendu compte et payé le reliquat, elle ne pourra succéder à ses enfants décédés avant l'âge de puberté (2).

27. Justinien fit plus, il assimila la veuve qui se remariait, au mépris de son serment, à celle qui se remariait dans l'année de son deuil, et la frappa d'infamie (3). Mais, plus tard, il la dispensa lui-même de prêter ce serment, qui, opposé comme obstacle aux seconds mariages, n'était plus qu'une cause de parjure (4). Aussi, les mots *sacramento prœstito*, qui se trouvent dans la constitution de Théodose le Jeune, ne se retrouvent plus au Code de Justinien.

28. Jusqu'à présent, les restrictions que nous avons énumérées n'ont porté que sur les biens venus à la femme de son premier mari; elle ne doit pas cependant rester libre de dépouiller entièrement ses enfants du premier lit de ce qui leur revient dans ses propres biens.

D'après la loi *Hac Edictoli*, l'homme ou la femme qui se remarie ne peut laisser à sa seconde femme ou à son second mari, plus d'une part d'enfant. Si les enfants ne reçoivent pas tous une égale portion, le second époux ne recevra pas plus que celui qui a le moins, et cela sans que la quarte légitime de chaque enfant puisse en souffrir. Toute disposition qui tendrait à donner à l'époux plus que cette part serait nulle, quoique dissimulée au moyen d'une interposition de personnes (5). Pour déterminer la part que l'époux qui se remarie peut donner à son nouveau conjoint, c'est au moment de son décès qu'il faut se reporter (6).

---

(1) Code Th., liv. III, tit. 17, L. 4.— Code Just., liv. V, tit. 35, L. 2.
(2) Code Just., liv. VI, tit. 56, L. 6.
(3) Nov. 22, ch. 40.
(4) Nov. 94, ch. 2.
(5) Cod., liv. V, tit. 9, L. 6.
(6) Nov. 22, ch. 28.

29. A qui appartiendra la portion retranchée au second époux qui aura reçu plus que la loi ne le permet? Aux enfants du premier lit seuls. Justinien avait décidé que les enfants du second lit concourraient avec leurs frères dans le partage de cette portion. Mais, par sa Novelle XXII, il est revenu au système d'abord en vigueur (1).

30. Telles sont les principales dispositions des constitutions des empereurs chrétiens. Nous avons dû les analyser avec quelque détail, car les deux principales, la loi *Fœminæ* et la loi *Hac Edictoli*, qui sont la base de tout le système, ont régi, dans notre ancien droit, une partie de la France. Elles sont passées dans l'ordonnance de François II, et aujourd'hui même, la dernière de ces lois est devenue un des articles du Code Napoléon.

31. Postérieurement à Justinien, les empereurs grecs, exagérant la sévérité de l'Eglise d'Orient, punirent les seconds mariages de peines sévères. L'empereur Léon, dans sa Novelle XX, prohiba le troisième mariage, et sanctionna les peines canoniques prononcées contre ceux qui se mariaient plus de deux fois, au concile de Néo-Césarée, par ce singulier motif, qu'il est honteux à l'homme de se laisser vaincre par les brutes, parmi lesquelles il en est plusieurs qui ne passent pas à une nouvelle union.

Enfin Constantin Porphyrogénète défendit le quatrième mariage absolument, et le troisième, quand l'un des deux époux aurait plus de quarante ans, et qu'il existerait des enfants d'une précédente union.

Ces dispositions, fruit du despotisme et de la superstition du Bas-Empire, n'ont jamais eu d'influence en France, même sur la législation des pays de droit écrit.

(1) Cod., liv. V, tit. 9, L. 9. — Nov. 22, ch. 27.

# CHAPITRE DEUXIÈME.

## ANCIEN DROIT FRANÇAIS.

## SECTION PREMIÈRE.

### ÉPOQUE BARBARE.

32. Au moment où les Barbares s'établirent en Gaule, la législation du Code Théodosien y était en vigueur. Les mœurs de ces peuples, austères jusqu'à la cruauté, étaient merveilleusement préparées à recevoir l'influence que devaient, après l'invasion, exercer sur eux le droit romain et le Christianisme.

33. Dans quelques tribus la veuve devait comme chez les Indous s'immoler sur le tombeau de son époux ; mais d'après tous les historiens c'est pour la femme seule qu'est restreinte la la liberté du second mariage.

« *Melius quidem adhuc*, dit Tacite dans sa Germanie, *eæ civitates in quibus tantum virgines nubunt, et cum spe votoque uxoris semel transigitur. Sic unum accipiunt maritum unamque vitam, ne ultra cogitatio, ultra ne longior cupiditas ne tanquam maritum sed tanquam matrimoniam ament* (1). »

34. En faisant la part de l'exagération des historiens dans cet exposé des vertus d'un peuple qu'il voulait opposer aux vices de ses concitoyens, il n'en reste pas moins évident que les Germains avaient poussé plus loin peut-être cette antipathie pour les seconds mariages, que nous retrouvons dans l'antiquité. Leurs lois, du reste, ne nous sont parvenues que modérées et épurées par leur contact avec le christianisme, et la législation romaine qui restait toujours en vigueur pour les sujets romains, la personnalité du droit étant la base du système législatif des barbares.

35. *Lois des Visigoths.* — Au commencement du VIe siècle Alaric publia un code de lois pour les sujets romains. Ce livre

---

(1) Tacit. Germ., ch. 19.

connu sous le nom de *Brevarium Alarici*, reproduit en partie le Code Théodosien, et entre autres le titre des Secondes noces, où se trouve la loi *Fœminæ*.

35. Ce fut seulement au milieu du VII^e siècle que fut publié le recueil des Lois pour les Visigoths. Ce recueil est de tous les Codes barbares celui qui se ressent le plus de l'influence romaine. Comme en droit romain le mariage est interdit à la femme pendant l'année de deuil (1). La mère restée veuve est seule appelée à la tutelle de ses enfants mineurs (2).

37. *Lois des Burgundes.* — La législation des Burgundes, rédigée vers 504, se ressent aussi de l'influence romaine. La femme mariée en secondes noces ne conserve que l'usufruit des biens donnés en faveur du premier mariage ; la nue propriété appartient aux enfants du premier lit (3).

38. *Lois des Bavarois.* — Chez les Bavarois les femmes qui gardent la viduité ont en usufruit une part égale à celle que leurs fils recueillent dans la succession paternelle ; mais la veuve qui convole en secondes noces perd cet usufruit.

39. *Loi Salique.* — La loi Salique est de toutes les coutumes barbares celle qui est la plus empreinte des idées germaniques. Rédigée avant la conversion de Clovis, les différentes modifications que les rois devenus chrétiens lui ont fait subir ne lui ont point enlevé le caractère originaire qui la distingue des autres.

40. La femme, d'après la loi Salique, est toujours dans une espèce de tutelle ou garde (*mundium*) ; le mari en l'épousant rachète le *mundium*, et ce droit de garde après sa mort reste au plus proche parent mâle. Le titre 46 de la loi Salique ordonne que celui qui épousera une veuve payera au plus proche parent mâle du mari défunt trois sous et un denier pour l'achat du *mundium*. Un capitulaire de Charlemagne (798) prononce pour le cas où le *reipus* ne serait pas payé une amende de deux mille cinq cents deniers.

(1) Code des Visig., liv. III, tit. 2, L. 1.
(2) Ibid., liv. IV, tit. 3, L. 3.
(3) Lois des Bur., tit. 24, § 1.

41. Le *reipus* est dû d'abord à l'aîné du fils de la sœur (*Si neptis fuerit sororis filius serior reipum accipiat*) ; à son défaut au petit neveu, puis au fils de la cousine du côté maternel, puis à l'oncle maternel, et enfin au fisc. Pourquoi cette préférence donnée aux parents les plus proches par les femmes pour recueillir le *reipus* ? C'est une question que les commentateurs ont vainement cherché à expliquer.

42. Le second mari paye le *reipus*, mais la veuve paye en outre une redevance aux héritiers de son premier mari. Cette redevance, appelée *achasius*, est d'un dixième du montant de la dot qu'elle avait reçue de lui.

43. La femme veuve avait, d'après la loi des Burgundes, le droit d'éducation sur ses enfants. Il est probable qu'il en était de même dans les autres coutumes germaniques. En se remariant la veuve perdait cette tutelle.

44. Quant aux libéralités faites par le premier mari, le chapitre 7 des *Capita extravagantia* contient une disposition qui fut sans doute inspirée par la loi *Fœminæ*. Il s'exprime ainsi : « *Sic tamen ut dotem quam anterior maritus dedit, filii sui poet obitum matris sine ullum consorcium sibi vindicent ac defendant ; de qua dotem mater nec vendere, nec donare præsumat.* » Le mot *dotem* comprend-il le *morgengabe* et les autres donations faites par le mari à sa femme. M. Pardessus (*Loi Salique*, p. 688) le pense ainsi ; car, dit-il, l'esprit de la loi est de conserver aux enfants du premier mariage tout ce que leur mère tenait de la libéralité du premier mari.

45. La loi salique s'occupe, ce que le droit romain ne faisait pas, du cas où la veuve sans enfants se remarie. Elle doit déclarer devant neuf témoins qu'elle abandonne aux héritiers de son premier mari, outre *l'achasius* (*ut pacem habeat*), un lit, un banc couvert, les meubles qu'elle a apporté de la maison de son père, plus le tiers de sa dot (1).

46. Quant au temps du veuvage obligé de la femme, un capitulaire de Dagobert le fixe à trente jours, et une amende de

(1) Ch. 7, *Capita Extravagantia*, loi salique.

trente *solidi* doit être imposée à ceux qui épousent une veuve dans ce délai.

47. Si l'homme veuf se remarie, les dispositions concernant le *reipus* et l'*achasius* lui sont étrangères. Il continue d'avoir le *mundium* sur ses enfants. S'il n'y a pas d'enfants, le chapitre 7 décide que le mari *veuf* recevra les deux tiers de la dot qu'il avait donnée à sa femme et les héritiers de la femme l'autre tiers.

## SECTION DEUXIÈME.

### DROIT FÉODAL ET DROIT COUTUMIER.

48. Le temps qui s'écoule depuis le commencement de la troisième race jusqu'à la rédaction des coutumes présente la plus grande obscurité. A peine si quelques ordonnances de nos rois, spéciales à quelques provinces, viennent fournir quelques documents et indiquer les tendances législatives de cette époque. L'Église, d'ailleurs, a réussi à s'attribuer presque complétement tout ce qui concerne le mariage.

Il semblerait dès lors naturel de croire que la législation des empereurs d'Orient sur les secondes noces, inspirée par elle, dut faire triompher ses principes en France. Il n'en est rien, cependant, et l'Église d'Occident s'est toujours montrée à cet égard beaucoup moins sévère. Un principe la domine continuellement dans les règles qu'elle impose, c'est celui-ci, formulé par saint Paul dans l'Épître aux Corinthiens : « *Mulier obligata est lege, quanto tempore vir ejus vivit; quod si dormierit vir ejus, liberata est; cui vult nubat tantum in domino.* »

D'après ces principes, deux décrétales, l'une du pape Urbain III (1186), l'autre du pape Innocent III (1214), décidèrent que la veuve qui se remariait dans l'an de deuil ne devait pas encourir l'infamie que les lois romaines lui infligeaient. Ces décisions, nous dit Laurière, furent adoptées comme règles dans les pays coutumiers. Boucher d'Argis dit la même chose pour les pays de droit écrit,

49. Mais dans ces pays où l'influence du droit romain se per-

dit moins qu'ailleurs, les dispositions sur les secondes noces ayant pour but l'intérêt des enfants du premier lit, subsistèrent toujours. Si le survivant des époux ne se remarie pas, il peut disposer de son gain de survie en toute propriété. S'il se remarie, il ne conserve que l'usufruit suivant la *Fœminæ*. Cet usufruit, la femme le conserve en quelque temps qu'elle se remarie, à moins que ses secondes noces ne soient tellement précipitées qu'il y aurait de l'incertitude sur la filiation paternelle des enfants dont elle pourrait accoucher dans les dix mois du décès de son premier mari. Alors elle perd l'usufruit.

50. L'établissement du régime féodal nécessitait d'ailleurs souvent le second mariage d'une veuve. Le seigneur suzerain avait intérêt à ce que le fief vassal fût représenté par quelqu'un en état de porter les armes. Les assises de Jérusalem vont même jusqu'à décider que le seigneur suzerain peut forcer sa vassale à se remarier après un an et un jour, et si elle ne le fait pas, lui enlever son fief.

Sans doute cette règle, nécessitée par l'état de guerre perpétuel des croisés établis en Orient, ne fut pas suivie en France; mais les idées féodales, idées de hiérarchie militaire, tendaient cependant à faire admettre le mariage de la veuve, quoique toujours vu avec plus de défaveur que le second mariage de l'homme.

51. Les lois romaines, restées en partie du moins en vigueur dans les pays de droit écrit, n'avaient donc pas été, en général, adoptées par les pays de coutumes.

Les seconds mariages n'y étaient cependant pas mis sur le même pied que les premiers.

« Bail ou garde se perd quand le gardien se remarie, » dit Loysel dans ses Règles coutumières.

Le bail était une faveur accordée dans la plupart des coutumes au survivant des époux, et consistait en ce que le gardien jouissait des biens propres de ses enfants mineurs et profitait des fruits.

Cette règle de Loysel n'était pas cependant universelle. La coutume d'Artois conservait la garde au père et à la mère passant à un second mariage.

D'après les coutumes de Melun (art. 285), de Péronne (article 230), de Loudun, de Tourraine, de Blois, le père, en se remariant, restait gardien, la mère seule perdait le droit de garde en convolant en secondes noces.

52. « Les femmes qui se remarient doivent relief pour les fiefs qu'elles possèdent. » Cette règle, tirée par Loysel de l'article 37 de la Coutume de Paris, étaient uniquement le résultat du peu de faveur qu'obtenaient les seconds mariages ; car la femme qui se marie pour la première fois passe aussi bien « en la garde de son mari » que lorsqu'elle se marie pour la seconde fois. Il y aurait eu donc même raison d'exiger le relief dans les deux cas.

L'homme, restant toujours maître et seigneur du fief, ne devait jamais de relief.

53. Quant au douaire, les femmes ne le perdent pas en se remariant ; elles sont obligées seulement de donner caution suffisante pour en assurer la conservation (1).

Le douaire était, en général, de l'usufruit de la moitié des biens appartenant au mari. Mais lorsque c'était le mari qui passait à un second mariage, le douaire n'était pour la seconde femme que du quart, et pour la troisième du huitième, les biens du mari ne pouvant être grevés dans leur totalité de plusieurs douaires successifs. C'est ce que Loysel exprime par ces mots : « Douaire sur douaire n'a lieu (2). »

Dans presque toutes les coutumes, la veuve avait le droit d'habiter après la mort de son mari dans une maison dépendante de sa succession. Elle perdait ce droit en se remariant.

55. La législation des secondes noces offrait des différences notables dans les pays de coutumes et dans les pays de droit écrit. Le chancelier L'Hôpital chercha à la ramener à l'uniformité des principes romains.

L'édit des secondes noces, rendu dans ce but en 1560 par

---

(1) Loysel, Inst. cout., règle, 40. — Coutume de Boulogne, art. 108. — Coutume d'Artois, art. 177.

(2) Loysel, liv. I, tit. 3, règle 39. — Coutume de Paris, art. 253.

François II, à Fontainebleau, est un résumé des lois *Fœminæ* et *Hac Edictali*. Cet édit célèbre, qui a régi la France jusqu'en 1789, mérite d'être cité en entier. En voici le texte : « Comme les femmes veuves ayant enfants ou enfants de leurs enfants sont souvent invitées à de secondes noces et recherchées plutôt pour leurs biens que pour leurs personnes, qu'elles font souvent des donations très-fortes à leurs seconds maris, et qu'il résulte des divisions dans les familles, le roi, prenant exemple sur les empereurs romains, ordonne :

» Que les femmes veuves, ayant enfants ou enfants de leurs enfants, si elles passent à de nouvelles noces, ne peuvent et ne pourront, en quelque façon que ce soit, donner de leurs biens meubles, acquets ou propres à leurs nouveaux maris, père, mère ou enfants desdits maris, ou autres personnes qu'on puisse présumer être, par dol ou fraude, interposées, plus qu'à l'un de leurs enfants ou enfants de leurs enfants. Et s'il se trouve division inégale de leurs biens faite entre leurs enfants ou enfants de leurs enfants, les donations par elles faites à leurs nouveaux maris seront réduites et mesurées à la raison de celui des enfants qui en aura le moins.

» Et, au regard des biens à icelles veuves acquis par dons et libéralités de leurs défunts maris, elles n'en peuvent et ne pourront faire aucune part à leurs nouveaux maris ; ainsi elles seront tenues les réserver aux enfants communs d'entre elles et leurs maris, de la libéralité desquels iceux biens leur sont advenus.

» Le semblable voulons être gardé, ès biens qui sont venus aux maris par dons et libéralités de leurs défuntes femmes, tellement qu'ils n'en pourront faire dons à leurs secondes femmes, mais seront tenus les réserver aux enfants qu'ils ont eu de leur première.

Toutefois, n'entendons par ce présent édit bailler aux femmes plus de pouvoir et liberté de donner et disposer de leurs biens qu'il ne leur loist par les coutumes des pays ès quelles, par ces présentes, n'est dérogé, en tant qu'elles restreignent plus avant la libéralité desdites femmes. »

Tel est cet édit que les jurisconsultes et les parlements expliquèrent ensuite et étendirent souvent avec une complaisance qui montre combien il était populaire.

56. Quelques années après une ordonnance de Blois (mai 1579) décida que les veuves ayant enfants, qui se remarieraient à des personnes indignes de leur qualité, comme à leur domestique, ne pourront disposer à leur égard d'aucune partie de leurs biens, à quelque titre que ce soit.

57. Le premier chef de l'édit, celui qui reproduit la loi *Hac Edictoli*, ne parlait que des femmes. On eut bientôt à se demander si les hommes, convolant à de secondes noces, devaient être compris dans la prohibition, et s'ils ne pourraient pas donner à leur seconde femme plus qu'une part d'enfant le moins prenant.

Deux arrêts, l'un du 23 mai 1586, l'autre du 6 août 1639, le décidèrent ainsi et fixèrent entièrement la jurisprudence à cet égard.

58. Par un autre arrêt du 5 juin 1574, il fut également décidé que l'édit des secondes noces devait avoir effet dans les pays où la coutume était contraire, encore même que cette coutume eût été réformée depuis l'édit.

59. L'époux donateur pouvait-il dispenser son conjoint de l'obligation de la réserve imposée par le second chef de l'édit? Le parlement de Paris décidait que cette obligation de la réserve était d'ordre public, et que, par conséquent, elle ne pouvait être abolie par une volonté privée. Mais on décidait, au contraire, que le donateur pouvait aggraver les peines de l'édit et enlever à sa femme, pour le cas où elle se remarierait, même l'usufruit qu'elle avait droit de conserver.

60. Les parlements se montrèrent tout aussi favorables à l'extension des termes de cette ordonnance, lorsqu'il s'agit de règler les avantages qui devaient être soumis à la réserve. On y comprit tous les biens qui provenaient à l'époux des conventions matrimoniales soit directement, soit même indirectement.

Nous n'insisterons pas davantage sur la jurisprudence ancienne. Presque toutes les questions d'ailleurs soulevées alors à propos du premier chef de l'édit se représentent encore aujourd'hui à propos de l'art. 1098 qui le reproduit. Nous les étudirons sur cet article.

61. L'édit de François II, dans son dernier alinéa, déclarait ne pas vouloir déroger aux coutumes, en tant qu'elles contiendraient des prohibitions plus sévères. Quelques coutumes avaient en effet des dispositions plus rigoureuses. Ainsi la coutume du Maine (art. 334), la coutume de Calais (art. 72) et la coutume de Paris (art. 281) voulaient que le don mutuel que se seraient fait les époux fût entièrement révoqué par le second mariage du survivant, non-seulement pour la nue propriété, mais encore pour l'usufruit.

Relativement au premier chef de l'édit, les coutumes de Paris, d'Orléans et de Calais avaient des dispositions plus sévères. Elles décidaient qu'une femme ne pouvait donner à son second mari aucune part dans les conquets de la première communauté. Un arrêt du 4 mars 1697 étendit cette prohibition au mari.

62. Cette divergence entre les coutumes, même après l'édit, laissait subsister une question déjà soulevée avant sa promulgation. Devait-on regarder les lois sur les secondes noces comme réelles, de telle sorte que pour les appliquer on dût s'attacher non au domicile des parties, mais à la situation des biens. C'est en ce dernier sens que la question était décidée suivant le président Bouhier. Cependant Claude Duplessis était d'un avis contraire.

## SECTION TROISIÈME.

### LÉGISLATION INTERMÉDIAIRE.

63. La révolution de 1789, en détruisant l'ordre de choses établi, devait nécessairement apporter dans les lois des réformes et des innovations en harmonie avec les principes nouveaux qu'elle avait fait triompher. Les législateurs de cette époque, frappés des abus qu'ils venaient de détruire, durent, par une réaction inévitable tomber dans l'eexès opposé. Aussi leurs œuvres, dont les principes ont presque toujours servi de base à leurs succes-

seurs, sont empreintes pour la plupart d'une exagération que devaient corriger plus tard les rédacteurs du Code Napoléon. C'est ainsi qu'en 1789 et en 1793 on écarta avec un soin scrupuleux tout ce qui de près où de loin tendait à restreindre la liberté du mariage.

64. L'ancien droit, sous l'influence de l'Église, avait rejeté le divorce pour lui substituer la séparation de corps. L'Assemblée législative rejette la séparation de corps et n'admet que le divorce; mais le divorce ne forme pas une barrière éternelle entre les deux époux. Ils pourront se remarier ensemble.

Quant au nouveau mariage que chacun d'eux pourra contracter avec un autre que son premier époux, l'époque varie suivant la cause qui a donné lieu au divorce et suivant qu'il s'agit du second mariage de l'homme et de la femme (1).

Si le divorce a eu lieu par consentement mutuel, ou s'il a été prononcé pour cause d'incompatibilité d'humeur et de caractère, les époux ne peuvent contracter une nouvelle union avec d'autres, qu'un an après le divorce prononcé.

Dans le cas où le divorce a eu lieu pour cause déterminée, c'est alors pour la femme seule que certains délais sont prescrits. « La femme ne peut, disait l'art. 3, contracter un nouveau mariage avec un autre que son premier mari, qu'un an après le divorce, si ce n'est qu'il soit fondé sur l'absence du mari depuis cinq ans, sans nouvelles. »

La Convention va plus loin : à ses yeux il n'y a qu'une cause qui puisse motiver des délais imposés au convol de la femme : le danger de la confusion de part. Les raisons de convenance, elle les laisse à l'appréciation de chacun; elle ne force personne d'y obéir. Le mari pourra donc se remarier immédiatement après le divorce ; quant à la femme, elle ne pourra le faire que dix mois après, à moins qu'il ne soit prouvé par un acte de notoriété publique que depuis dix mois elle est séparée de fait de son mari ; elle peut alors se remarier immédiatement (1).

---

(1) Loi du 20 sept. 1792, art. 2 et 3.
(2) Loi du 8 nivose an II, art. 3. — Loi du 4 floréal an II, art. 7.

65. Une autre question fut décidée par la législation intermédiaire, question importante et sur laquelle les anciens auteurs s'étaient diversement prononcés.

Dans les testaments, les clauses immorales et illicites sont réputées non écrites, et la libéralité subsiste néanmoins. C'est un principe venu du droit romain.

L'Assemblée constituante l'avait reproduit en l'appliquant aussi aux donations (1). La condition de ne pas se remarier devait-elle être considérée comme illicite et par conséquent annulée, c'est ce que le décret de 1792 n'avait pas dit, la Convention décida formellement qu'une pareille condition était contraire à la liberté, et, par conséquent, devait être annulée comme illicite (2).

La loi du 17 nivose an II avait mis à la place de l'ancien système de succession, un système tout nouveau fondé sur l'égalité. Bien plus, repoussant le principe conservateur de la non-rétroactivité, la Convention en avait fait remonter l'effet à 1789. Trois lois successivement rendues (lois du 9 fructidor an III, loi du 3 vendémiaire an IV, loi du 18 pluviose an V) enlevèrent à la loi du 17 nivose son effet rétroactif; mais, jusqu'à la promulgation du Code Napoléon, elle resta la base du système de la transmission des biens.

66. Ces lois avaient-elles aboli l'édit des secondes noces ? La Cour de cassation eut plusieurs fois à se prononcer sur ce point. Quant au second chef de l'édit, celui qui reproduit les lois 3 et 5 au Code *De secundis nuptiis*, elle décida qu'il était toujours en vigueur, et que la loi de nivose, relative seulement à la transmission des biens, n'avait pu l'abolir facilement, puisque aucune de ses dispositions n'y dérogeait sous ce rapport (3).

Mais la Cour de cassation décida qu'il en était autrement quant au premier chef de l'édit qui reproduisait la loi *Hac Edictali*. En effet, la loi de nivose s'occupait, elle aussi, du cas où

(1) Décret des 5 et 12 septembre 1792.
(2) Loi du 5 brumaire an II, art. 1.—Loi du 17 nivose an II, art. 12.
(3) Arrêts du 3 brumaire an IX, du 21 fructidor an XIII, du 2 mai 1808.

un époux, ayant des enfants d'un premier lit, se remariait, et, dans ce cas, elle fixait à la moitié en usufruit la part dont le nouvel époux pouvait être gratifié (art. 13). En édictant ces dispositions, le législateur avait donc tacitement abrogé les lois romaines et le premier chef de l'édit. Quoi qu'il en soit, ces questions n'ont plus aujourd'hui d'importance, les lois romaines, l'édit de François II et la loi de nivose étant aujourd'hui abrogées par le Code Napoléon.

# DEUXIÈME PARTIE.

---

## LÉGISLATION ACTUELLE.

---

67. Le Code Napoléon laisse à chacun la liberté de se remarier. Mais l'existence d'un premier mariage étant un obstacle à la validité du second, nous avons dû nous demander au début de notre matière quand le mariage est dissous. L'examen des nombreuses questions soulevées à ce sujet fera l'objet d'un premier chapitre que nous intitulerons : *Empêchements aux seconds mariages.*

De plus, il est possible que le second mariage suivant de près la dissolution du premier, la filiation paternelle des enfants qui naissent de la femme soit incertaine. Ce sera l'objet du chapitre deuxième.

Enfin, le mariage étant accompli, la loi devait se préoccuper de la position des enfants d'un premier lit souvent mineurs encore au moment où ils vont se trouver soumis par le fait à l'autorité d'un beau-père ou d'une belle-mère dont l'affection pour eux est tout au moins problématique, dont l'intérêt presque toujours est en opposition avec le leur. Le législateur leur devait une protection particulière. Il n'a pas failli à ce devoir, et il a édicté des dispositions spéciales modificatives des règles ordinaires sur la puissance paternelle, la tutelle, la quotité disponible entre époux. L'étude de ces règles fera l'objet des chapitres III, IV et V.

## CHAPITRE PREMIER.

### DES EMPÊCHEMENTS AUX SECONDS MARIAGES.

68. On ne peut contracter un second mariage avant la dissolution du premier. Tel est le principe posé par le législateur, principe qui n'a besoin ni de commentaires, ni d'explication, et qui n'est que l'expression de la morale générale et religieuse.

Celui qui contrevient à cette règle se rend coupable du crime de bigamie, puni, par l'article 340 du Code pénal, des travaux forcés à temps.

Le second mariage contracté malgré cette défense est nul, d'une nullité radicale et absolue. En conséquence, il peut être attaqué non-seulement par les époux eux-mêmes, mais encore par tous ceux qui y ont intérêt et par le ministère public (art. 184 Code Napoléon). Le mariage peut être attaqué par les époux eux-mêmes ; car, s'ils ont été de bonne foi, on ne peut les forcer de rester dans une situation criminelle et scandaleuse ; s'ils ont été de mauvaise foi, on doit leur permettre de rompre une union dans laquelle ils se repentent de s'être engagés.

Le Ministère public... Il est le gardien de la morale publique, c'est un devoir pour lui de faire cesser le scandale ; mais si le premier mariage vient à se dissoudre, le scandale du second mariage a cessé ; son action n'a plus raison de subsister.

Le mariage peut en outre être attaqué par ceux qui y ont intérêt, c'est-à-dire un intérêt né et actuel (187 Code Napoléon).

69. Faut-il appliquer cet article aux ascendants des époux ? Je ne le pense pas.

A notre avis les ascendants ont toujours le droit de faire annuler le mariage de leurs descendants engagés dans les liens d'une première union.

Si la bigamie blesse l'ordre social, elle blesse à un aussi haut degré le bon ordre de la famille. Comment donc pourrait-on ne pas reconnaître au père le droit d'attaquer un pareil mariage. Il est évident d'ailleurs d'après les textes que les ascendants sont mis dans une classe à part et ne sont pas confondus avec les collatéraux. C'est seulement pour ces derniers que l'article 187 exige un intérêt né et actuel. Si l'article 186 refuse dans un certain cas aux ascendants le droit de demander la nullité du mariage, on peut en conclure qu'il leur est accordé en général. Enfin, l'article 191 leur accorde ce pouvoir sans se préoccuper de leur intérêt pécuniaire au cas de défaut de publicité ; comment supposer qu'il a voulu le leur refuser au cas de bigamie ? Cette opinion, qui a pour elle la majorité des auteurs, a été confirmée par un arrêt de cassation du 15 novembre 1848 (1).

70. Mais cette faculté ne doit pas appartenir à tous les ascendants simultanément. C'est seulement dans l'ordre hiérarchique et à défaut les uns des autres qu'ils pourront attaquer le second mariage de leur descendant pour cause de bigamie. Ainsi l'aïeul ne le pourra qu'à défaut du père, et ainsi de suite. Ce droit, en effet, n'est qu'une conséquence de la puissance paternelle prolongée au delà de son terme, dans l'intérêt de l'ordre public et des bonnes mœurs. Le père vivant, l'aïeul n'a aucun droit, parce qu'il ne peut prétendre en aucune façon à une puissance paternelle quelconque. Décider autrement ce serait renverser la hiérarchie établie par la loi elle-même, et particulièrement à propos du mariage, ce serait introduire l'anarchie dans la famille (1).

71. Si le premier mariage est nul, le second est valable. Si donc on oppose comme fin de non-recevoir à la demande en nullité du second mariage la nullité du premier, les juges devront préalablement se prononcer sur cette nouvelle question (art. 189 Code Napoléon).

72. On ne peut contracter un second mariage avant la dissolution du premier. Quand le mariage est-il dissous ? Le Code

---

(1) Merlin, *Répertoire*, v° *Mariage*. — Delvincourt, t. I, p. 148, note. Vazeille, *Du Mariage*, t. I, nos 218 et 246. — *Contrà*, M. Duranton, t. II, n° 328. — Toullier, t. I, n° 626.

(2) Demolombe, t. III, n° 303. — M. Duranton, t. 2, n° 317. — *Contrà*, Zachariæ, t. III, p. 255, note 25. — Marcadé, art. 184.

indique trois causes de dissolution : 1° la mort naturelle ; 2° le divorce légalement prononcé ; 3° la condamnation devenue définitive de l'un des époux à une peine emportant mort civile. Nous devons les examiner successivement.

73. 1° *Mort naturelle.* — Pour qu'une personne puisse se remarier il faut qu'elle rapporte la preuve certaine du décès de son premier époux. L'absence de l'un des conjoints, quelque prolongée qu'elle soit, ne peut jamais permettre à l'autre de contracter un second mariage ; l'absence c'est toujours l'incertitude. Ajoutons que lors de la discussion du Code, un article du projet qui autorisait l'époux présent à se remarier lorsque cent ans se seraient écoulés depuis la naissance de l'absent a été rejeté et avec raison. En effet, la dissolution du mariage pour cette cause, fondée dès lors sur des vraisemblances, des probabilités, aurait pu devenir une source de scandales et même pour les époux un moyen de dissoudre le mariage par consentement mutuel.

74.—Il peut arriver cependant qu'une personne trompant l'officier de l'état civil, soit en lui présentant un faux acte de décès, soit autrement, parvienne à contracter un second mariage. Qu'arrivera-t-il alors? L'article 139 du Code Napoléon répond à cette question : « L'époux absent, dont le conjoint a contracté une nouvelle union, est seul recevable à attaquer ce mariage par lui-même, ou par son fondé de pouvoir, muni de la preuve de son existence. »

Ainsi tant que dure l'absence le nouveau mariage est inattaquable ; il est protégé par cette incertitude qui régnait sur la vie de l'absent au moment de la célébration. En effet si l'époux absent était mort à ce moment le nouveau mariage est parfaitement valable.

75. Mais qu'arrive-t-il lorsque l'absent reparaît ou qu'on a la preuve de son existence.

Sur cette question, trois opinions se sont formées. Dans un premier système, on refuse l'action en nullité à tout autre qu'à l'absent lui-même. Les nouveaux époux, le ministère public, ne peuvent agir ; ils sont à la merci de l'absent, qui peut à son gré faire cesser le scandale ou permettre qu'il continue. La loi est formelle, dit-on (1).

Nous ne pouvons croire que la loi consacre une pareille doctrine. Si on l'admettait, on pourrait voir une femme ayant à la fois deux maris, un mari ayant deux femmes, et cela aux yeux de tous, et sans que le ministère public pût intervenir, pour mettre un terme à ce scandale, dont il plaira à l'ancien époux d'être le spectateur indifférent.

La plupart des auteurs s'accordent pour repousser ce premier système ; mais ils se divisent de nouveau sur le point de savoir à qui doit être accordée l'action en nullité.

Dans une seconde opinion (2), elle peut être exercée non-seulement par l'absent, mais encore par les nouveaux époux et par le ministère public, tant que l'absent existe. Quant aux collatéraux, le législateur a voulu les écarter, et tel a été le but de l'article 139. La loi accorde le droit de demander la nullité d'un mariage à trois ordres de personnes : les époux, le ministère public et les personnes intéressées. L'époux au préjudice duquel le nouveau mariage a été contracté se trouve ici rangé dans la classe des intéressés ordinaires. C'est à lui seul, dans cette catégorie, à l'exclusion des collatéraux, que la loi accorde l'action en nullité. Quant au ministère public et aux nouveaux époux, le législateur n'avait pas à s'en occuper, ils sont régis par le droit commun. Cette ingénieuse interprétation est beaucoup plus favorable que la première. Cependant nous ne croyons pas qu'elle exprime la véritable pensée du législateur. L'article 139 ne s'applique qu'au cas où l'absence n'a pas encore cessé ; une fois l'absent revenu, on rentre dans le droit commun : cela résulte de la discussion du Conseil d'Etat. Si l'article 139 semble dire le contraire, c'est un défaut de rédaction que M. Thibaudeau, qui en était chargé, a voulu rendre trop concise. Sur la proposition de M. Cambacérès, on avait

(1) Toullier, t. I, nos 485, 528, 529.—Zachariæ, t. I, p. 316.—Vazeille, *Du Mariage*, t. I, n° 225.

(2) M. Demante, *Encyclopédie du Droit*, nos 124 et 134.

ajouté à la fin de l'article 27 du projet (139, C. Nap.) ces mots : « Néanmoins, si l'époux absent se représente, le mariage sera » déclaré nul. » N'était-ce pas dire clairement que la cessation de l'absence ramenait au droit commun, et que toute personne intéressée pourrait dès lors demander la nullité du mariage. La suppression de la fin de l'article n'en laisse pas moins subsister l'interprétation qu'on avait voulu lui donner (1).

76. Ce que nous disons ici, nous l'appliquerons alors même que le second mariage aurait été contracté avant la déclaration d'absence. Qu'importe, en effet, que l'absence ne soit pas déclarée, du moment qu'il y a incertitude sur l'existence de l'époux éloigné, la validité du second mariage est incertaine aussi. Il y a dès lors même raison de décider. On objecte, il est vrai, que l'article 139 est placé au chapitre : *De la déclaration d'absence*. Mais est-ce que la distinction entre les différentes périodes de l'absence a toujours été rigoureusement observée par les rédacteurs du Code? Il est évident que non; l'article 122 en est une preuve. Il en est de même des articles 222 et 1427 (2).

77. Quant à l'absent lui-même, il peut donner mandat à quelqu'un d'attaquer le mariage contracté à son préjudice. La loi n'exige pas que la procuration soit spéciale; elle n'exige pas non plus qu'elle soit authentique. Si la procuration n'a pas besoin d'être spéciale, il faut au moins qu'elle renferme le pouvoir d'attaquer le mariage. Un mandat ne peut conférer au mandataire d'autres pouvoirs que ceux que le mandant a eu en vue de lui confier. Or, comment supposer qu'une personne qui laisse en partant un mandataire général ait eu l'intention de lui donner le droit d'attaquer le mariage que pourrait contracter pendant son absence l'époux ou l'épouse qu'elle va quitter (3). Il

(1) M. Duranton, t. I, nº 527. — M. Demolombe, t. 2, nº 264. — M. Vallette, sur Proudhon, t. I, p. 301.

(2) Zachariæ, t. I, § 159. — M. Demolombe, t. II, nº 265. — *Contrà* M. Duranton, t. I, nº 526.

(3) M. Duranton, t. I, nº 524, note. — *Contrà*, M. Marcadé sur l'art. 139, nº 3.

faut, de plus, pour attaquer le mariage, que le mandataire soit muni de la preuve authentique de l'existence de l'absent, c'est-à-dire d'un certificat délivré par une personne ayant capacité pour cela, et attestant que l'absent existait au moment où la procuration d'attaquer le mariage a été donnée.

78. 2° Le mariage se dissout par le divorce légalement prononcé, nous dit l'article 227. Chacun des époux divorcés pouvait donc, sous l'empire du Code, contracter une nouvelle union. Aujourd'hui, le divorce est aboli, en vertu de la loi du 8 mai 1816. Mais les auteurs sont divisés sur les conséquences que cette loi doit entraîner.

79. Si un étranger, un Anglais, un Polonais, par exemple, a divorcé, comme les lois de son pays le lui permettent, pourra-t-il venir en France contracter un nouveau mariage, ou bien l'officier de l'état civil pourra-t-il refuser de le célébrer? Deux arrêts de la cour de Paris, l'un du 30 août 1824, l'autre du 28 mars 1843, ont décidé dans ce dernier sens. Je crois que la doctrine confirmée par ces arrêts fait une confusion entre la capacité nécessaire pour le mariage et les formalités nécessaires à la célébration. Les formes sont régies par la règle : *Locus regit actum;* la capacité est déterminée par le statut personnel du contractant, qui le suit même à l'étranger. On ne peut, en France, contracter un second mariage avant la dissolution du premier; mais ici le premier mariage n'existe plus. Qu'il soit anéanti par le divorce ou par une autre cause, qu'importe, si ce mode d'anéantir le mariage était permis !

On objecte à notre système que la loi de 1816 a aboli le divorce comme immoral. Consentir à célébrer le mariage d'une personne divorcée à l'étranger, ce serait donc autoriser une union réputée immorale dans nos lois. Il ne s'agit pas ici de défendre ou de condamner la loi de 1816. Je crois, pour ma part, que le législateur a bien fait de revenir à l'ancien principe de l'indissolubilité du mariage. Mais si nous n'adoptons pas chez nous le divorce, ce n'est pas une raison pour refuser d'en admettre les effets, lorsqu'il est prononcé à l'étranger. Ce serait vraiment aller trop loin que de regarder alors un second mariage comme un attentat à la morale universelle, semblable à a polygamie, tandis que la moitié de l'Europe le regarde comme parfaitement licite, parfaitement moral. Nous croyons donc qu'un étranger, divorcé d'après les lois de son pays, devrait être admis à se remarier en France.

80. Mais, pour qu'il en soit ainsi, il faut que le divorce soit définitivement prononcé. Ainsi, si un étranger, après avoir fait prononcer son divorce par un tribunal étranger, venait contracter en France un mariage, quoiqu'un tribunal supérieur, dont la sanction est nécessaire, fût encore saisi de la question de divorce, le mariage serait nul, encore bien que le tribunal supérieur vînt postérieurement confirmer par son arrêt la décision des premiers juges (1).

81. Si le divorce n'existe plus aujourd'hui, la loi du 8 mai 1816, qui l'a aboli, a laissé subsister, quant à leurs effets, les divorces antérieurement prononcés. Faut-il en conclure que l'art. 295 du Code Napoléon est encore en vigueur, et que les époux divorcés avant la loi de 1816 ne peuvent plus aujourd'hui se réunir? Cette question perd tous les jours de son intérêt. Cependant, le 14 juin 1847, la cour de Paris a eu encore à se prononcer sur cette question, et l'a tranchée dans un sens que nous ne pouvons admettre, dans le sens de l'affirmative. A notre avis, l'article 295 n'a plus aujourd'hui de raison d'être. Quel en était le motif? C'était d'empêcher les époux de se quitter et de se reprendre capricieusement; c'était peut-être aussi de rendre les divorces plus rares, en leur imprimant un caractère irrévocable propre à faire réfléchir ceux qui voudraient se séparer. Aucune de ces raisons ne saurait être invoquée aujourd'hui. Au contraire, au point de vue du législateur de 1816, qui avait pour but de rendre au mariage toute sa dignité, « dans l'intérêt de la religion, des mœurs, de la monarchie, des familles, » il faut applaudir lorsque les liens d'un premier mariage, brisés par le divorce, se renouent aujourd'hui, surtout

(1) Arrêt de cassation du 15 novembre 1848.

lorsque cette nouvelle union légitime des enfants nés depuis le divorce.

Cependant, dit-on, la loi du 8 mai 1816 elle-même a décidé que les divorces antérieurement prononcés conserveraient tous leurs effets. — Sans doute; mais cette disposition ne fait qu'appliquer à cette matière le principe de non-rétroactivité des lois. Et ce principe salutaire, quel est son but? quelle est sa portée? C'est de ne pas enlever aux personnes le bénéfice de droits qui leur sont acquis. Lorsque la loi nouvelle n'entraîne d'inconvénients pour personne, on doit l'appliquer de la manière la plus large et répudier entièrement la loi ancienne (1).

82. Quant à l'article 298, nous pensons qu'il serait toujours applicable à l'époux divorcé sous la législation du Code Napoléon.

Mais ce même article 298 est-il applicable à la séparation de corps, et l'époux contre lequel la séparation a été prononcée pour cause d'adultère doit-il être empêché de se remarier avec son complice après le décès de l'autre époux? — Oui, répondent quelques auteurs, les raisons de le décider ainsi, raisons de de décence et de moralité sont les mêmes. D'ailleurs, ajoutent-ils, la séparation de corps n'est autre chose que le divorce des catholiques. On doit y appliquer tous les articles du divorce qui ne sont pas incompatibles avec le maintien du lien conjugal. Ne décide-t-on pas généralement que l'article 299 est applicable à la séparation de corps (Cass. 23 mai 1845) (2)?

Je ne puis admettre cette doctrine. L'article 298 établit une peine ou du moins une prohibition de mariage. Ces prohibitions doivent être restreintes dans leurs termes; on ne peut les étendre par analogie. Est-ce qu'il y a d'ailleurs même raison de décider? Le divorce opérait la dissolution du mariage et donnait à chaque époux la faculté de se remarier. Le légis-

---

(1) Toullier, t. I, p. 456. — Vazeille, *Du Mariage*, t. I, n° 103. — M. Valette sur Proudhon, t. 1, p. 406, note A. — *Contrà*, M. Demolombe t. 3, n° 125.

(2) Delvincourt, t. I, p. 61, note 6. — Vazeille, *Du Mariage*, t. I, n° 103

lateur n'avait pas voulu que l'époux adultère qui venait d'être condamné pût trouver dans son crime une récompense.

On devait empêcher ce scandale d'un époux légitimant par un mariage immédiat une union qu'un jugement venait de flétrir. Mais pour la séparation de corps, rien de semblable, le mariage n'est pas dissous. Si les arguments de convenance ne peuvent absorber notre doctrine, les arguments de texte sont certainement pour elle. L'article 331 décide que les enfants nés d'un commerce adultérin ne pourront être légitimés par le mariage subséquent de leur père et mère, il faut donc en conclure qu'il y a des cas où l'époux adultère et condamné comme tel épousera son complice.

L'article 308 vient encore nous fournir un argument. Cet article, placé au chapitre de la séparation de corps, reproduit toute la seconde partie de l'article 298 en omettant totalement la première. Cette omission ne peut être l'effet du hasard, elle est évidemment intentionnelle.

Concluons-en donc que l'article 298 est spécial au divorce et ne peut être étendu à la séparation de corps (1).

83. 3° *Mort civile.* — Dans l'ancien droit où le mariage civil et le mariage religieux étaient confondus, la mort civile ne pouvait le dissoudre. Lorsqu'au Conseil d'État, on proposa de faire opérer la dissolution du mariage par la mort civile, de vives protestations s'élevèrent. Le premier consul repoussait cette idée; il ne pouvait comprendre qu'on punît ainsi une femme qui, fidèle à la foi jurée à son mari, non-seulement devant les hommes, mais devant Dieu, s'obstinait par une vertu respectable à le suivre après sa condamnation, et qu'on imprimât en même temps la flétrissure de la bâtardise à des enfants réputés légitimes par l'opinion publique et la religion. Ces raisons ne purent prévaloir. On avait admis une fiction, la mort civile; cette fiction, on voulut l'appliquer dans ses dernières consé-

(1) M. Duranton, t. II, no 179. — Zachariæ, t. III, p. 274. — M. Demolombe, t. III, no 126. — *Contrà*, Delvincourt, t. I, p. 64, note 6. — M. Vazeille, *Du Mariage*, t. I, no 108.

quences, comme si le législateur ne pouvait pas en déterminer les limites.

84. Toullier cependant a prétendu que le mariage n'était pas même dissous quant au lien civil. Cette opinion, toute favorable et toute juste qu'elle est, est trop contraire à la lettre et à l'esprit du Code pour que nous puissions l'admettre. En disant seulement que le mariage est dissous quant à tous ses effets civils, le législateur n'a eu d'autre but que de maintenir la séparation qu'il avait établie entre le mariage civil et le mariage religieux. La suppression de ces mots insérés d'abord dans le projet de Code : « L'autre époux est libre de contracter un nouveau mariage », trouve aussi son explication dans cette observation de M. Regnier, qu'ils pourraient faire croire aux consciences timorées, qu'on avait voulu déclarer rompu le lien religieux, tandis qu'on voulait laisser complétement libre la juridiction ecclésiastique sur cette matière.

Disons donc avec tous les auteurs que le mariage est rompu par la mort civile (1), mais en même temps constatons que cette dissolution prématurée du mariage, déjà blâmée comme injuste et immorale à l'époque de la rédaction du Code, est de plus une anomalie aujourd'hui que la loi de 1816, revenant aux principes catholiques, a proclamé le mariage un lien indissoluble que la mort seule peut briser.

85. Le mort civilement ne peut se marier; son conjoint, au contraire, peut se remarier. A partir de quel moment ? Ici naît une controverse. Lorsque la condamnation est contradictoire, pas de difficulté. La mort civile est encourue au moment de l'exécution, c'est aussi à ce moment que le mariage est dissous. Mais si la condamnation est par contumace, le mariage est-il dissous au bout des cinq ans de grâce passé lesquels la mort civile est encourue, ou bien au bout des vingt ans pendant lesquels le condamné peut purger sa contumace ? Cette dernière

(1) M. Demolombe, t. I, nº 206. — M. Duranton, t. I, nº 251. — M. Marcadé, art. 25, nº 5. — *Contrà*, Toullier, t. I, nº 285.

opinion, nous l'avouons, est inspirée par une pensée à laquelle nous nous associons pleinement. Il est inique de prononcer la dissolution du mariage, alors que l'époux condamné peut être jugé de nouveau, absous et rendu pour l'avenir à la vie civile. Mais en présence du texte de la loi, il nous est impossible de l'adopter quelque généreuse et favorable qu'elle soit. La combinaison des articles 25 et 27 ne peut, il nous semble, laisser aucun doute. On oppose, il est vrai, l'article 227 du Code Napoléon et les articles 639, 641, 476 du Code d'instruction criminelle. L'article 227, dit-on, ne prononce la mort civile que lorsque la condamnation est devenue définitive ; cette condamnation n'est définitive qu'après les vingt ans pendant lesquels le contumax peut se représenter. — Nous répondrons d'abord qu'un changement si notable apporté dans le système établi au titre de la mort civile aurait certainement laissé des traces dans les discussions et que rien n'indique au contraire qu'une innovation quelconque ait été dans la pensée du législateur. D'ailleurs au bout des cinq ans, la condamnation est définitive, si le contumax se représente, la mort civile conservera tous ses effets dans le passé, c'est pour l'avenir seulement qu'il reprendra une nouvelle vie. Seulement cette condamnation n'est pas irrévocable, puisque ses effets peuvent cesser pour l'avenir. La loi est injuste, soit ; elle est peu en harmonie avec les idées, les mœurs, les sentiments publics, j'en conviens ; mais c'est au législateur seul qu'il appartient de la modifier. En attendant, le devoir du magistrat c'est d'appliquer la loi suivant son texte, suivant sa pensée ; le devoir du jurisconsulte c'est de montrer cette pensée (1).

86. Une question plus délicate a été soulevée. On s'est demandé si, lorsqu'on s'est pourvu en cassation contre un arrêt déclarant le mariage dissous par la mort civile, ce pourvoi doit être suspensif. Nous le pensons. L'article 253 n'accorde, il est

(1) M. Valette sur Proudhon, t. I, p. 477. — M. Marcadé, t. I, sur l'art. 227. — M. Demolombe, t. I, no 231. — Arrêts de Rennes du 11 mai 1847 et du 5 juin 1851. — Cass., 2 décembre 1851.

vrai, cet effet suspensif au pourvoi que dans le cas du divorce, et l'on pourrait soutenir que cet article formant exception aux règles générales ne doit pas être étendu. Étudions cependant l'esprit de la loi. Si elle déclare le pourvoi en cassation suspensif en cas de divorce, c'est pour éviter les résultats scandaleux de la célébration anticipée d'un second mariage. Comment, en effet, autoriser un mariage dont on devrait ensuite prononcer la nullité quelques mois après ? Si l'article 263 ne s'est occupé que du cas de divorce, c'est que c'était à ce point de vue que la question de dissolution du mariage semblait alors devoir donner lieu au pourvoi en cassation. Mais c'est uniquement de cette dissolution du mariage qu'on a voulu parler, et non de la manière dont il se dissout. Toutes les fois donc qu'il y aura contestation sur la dissolution d'un mariage, qu'il s'agisse de mort naturelle ou de mort civile, le pourvoi sera suspensif, on devra attendre la décision de la Cour de cassation pour célébrer un second mariage (1).

87. L'article 228 apporte un nouvel empêchement aux seconds mariages spécial à la femme. La femme, en effet, y est-il dit, ne peut contracter un nouveau mariage qu'après dix mois révolus depuis la dissolution du premier. Deux motifs ont fait admettre cette disposition. Le premier c'est de prévenir la confusion de part. La loi, supposant que la grossesse de la femme peut durer cent quatre vingts jours au moins et trois cents jours au plus, si la femme avait pu se marier immédiatement après la dissolution de son premier mariage, un enfant aurait pu naître à la fois moins de dix mois après la dissolution du mariage, et plus de six mois après la conclusion du second. De là une incertitude que la loi a voulu éviter. Nous verrons plus tard que cette question peut cependant se présenter.

Un autre motif a encore décidé le législateur. Il a voulu inspirer à la femme le respect des convenances publiques, de la décence, qui lui commandent plus sévèrement encore qu'à

(1) Rennes, 14 août 1851. — *Revue critique de jurisprudence*, t. 2 de 1852, p. 450.

l'homme de ne pas convoler trop tôt en secondes noces, après la dissolution d'un premier mariage. Ce second motif explique pourquoi la prohibition d'un second mariage existe, non pas seulement pendant les quatre mois, mais bien pendant les dix mois qui suivent la dissolution du premier. Il y aurait même raison de décider si le mariage était, non dissous, mais annulé; on devrait appliquer, dans ce cas, l'article 228.

Si cependant la femme, trompant l'officier de l'état civil, se marie avant l'expiration des dix mois, le second mariage ne sera pas nul. Les cours d'appel avaient demandé que la violation de l'article 228 fût une cause d'annulation de mariage; mais les rédacteurs du Code Napoléon, se conformant aux prescriptions de l'ancien droit, refusèrent d'adhérer à cette demande. L'article 228 n'est donc qu'un empêchement prohibitif.

88. Nous avons parcouru les divers empêchements apportés par la loi au second mariage. Une question nous reste cependant à examiner. Peut-on imposer, comme condition d'une libéralité, que le donataire ou la donatrice gardera la viduité? La législation s'est de tout temps occupée de cette question.

Après beaucoup d'hésitations dans la législation romaine, la Novelle XXII, chapitre XLIV, la déclara valable. Le principe consacré par cette Novelle avait été généralement adopté dans l'ancien droit, malgré l'opinion de Beaumanoir, qui déclarait qu'une pareille condition était contre Dieu. La législation intermédiaire, nous l'avons vu, décida, au contraire, que la condition de ne pas se remarier devait être supprimée. Aujourd'hui le Code est muet sur cette question. L'article 900 se contente de dire : « Dans toute disposition entre vifs ou testamentaire, les conditions impossibles, celles qui sont contraires aux lois ou aux mœurs, sont réputées non écrites. » Quelles conditions doivent être considérées comme contraires aux lois ou aux mœurs, et par conséquent annulées? La discussion du Conseil d'État n'offre là-dessus aucun éclaircissement. Mais la presque unanimité des auteurs, dont une jurisprudence constante est venue depuis longtemps confirmer la doctrine, se prononce pour la validité de la clause de viduité.

Les seconds mariages, disent-ils, ont toujours été vus avec peu de faveur par la loi ; restreindre, sous ce rapport, la liberté de se remarier, ce serait donc seulement entrer dans l'esprit du législateur. Cette condition n'a d'ailleurs rien d'impossible, ni de contraire aux mœurs. Ceux qui gardent la viduité font une chose honorable, honorée par tous. Quelques auteurs cependant, et entre autres M. Duranton, ne regardent la condition de viduité comme licite qu'autant qu'elle est imposée dans des vues utiles et raisonnables, et non par suite d'un caprice ou d'une volonté bizarres, c'est-à-dire lorsqu'elle est imposée à une personne ayant des enfants par le premier époux ou les parents de celui-ci (1).

Nous devons l'avouer, ces imposantes autorités ne nous ont pas convaincu. Sans doute l'état de veuvage est conforme à la morale, c'est un état digne de considération et de respect ; mais est-ce là la question? Si la viduité est un état de perfection, c'est à la condition qu'elle sera inspirée par des vues pures et désintéressées. Si une femme ne peut rester veuve qu'aux dépens de ses mœurs et de sa vertu, ne vaut-il pas mieux qu'elle contracte un second mariage? — Sans doute, répond-on, mais la condition de viduité n'enlève pas la liberté, le donataire est toujours libre d'abandonner la libéralité, et de se remarier. — J'en conviens ; mais est-il sage, est-il prudent d'imposer cette alternative à une personne, ou de renoncer à une libéralité considérable, pour suivre ses penchants honnêtes et contracter une nouvelle union, ou de garder cette libéralité, et de faire de la viduité une vie de désordres et de liaisons scandaleuses. La condition de ne pas se remarier nous paraît devoir être annulée, par les mêmes raisons qui nous feraient annuler les conditions de ne pas se marier, d'embrasser l'état ecclésiastique, toutes clauses parfaitement morales dans leur but, mais pouvant devenir immorales dans leurs résultats.

(1) M. Duranton, t. VIII, no 128. — Proudhon, *De l'usufruit*, no 400. — Toullier, t. V, no 259. — Grenier, *Donations*, no 157. — Coin-Delisle, *Donations* sur l'art. 900. — Merlin, *Répertoire*, vo *Conditions*, sect. 2, § 5, art. 4, *in fine*.

Nous devons ajouter toutefois que, à notre avis, ce serait surtout dans les circonstances de la cause que les tribunaux devraient puiser leurs moyens de décision. Il est difficile de poser ici des principes généraux. Ce que nous avons voulu surtout établir, c'est qu'il y a tel cas où la clause de viduité pourrait être immorale, et si une cour impériale le décidait ainsi, nous ne voyons pas comment la Cour suprême pourrait casser cet arrêt.

89. Si on admet, comme la jurisprudence le fait, que la clause de ne pas se remarier est licite et valable, une autre question se présente.

La libéralité est d'un usufruit et l'héritier réservataire usant de la faculté qui lui est laissée par l'article 917 du Code Napoléon, abandonne au donataire la quotité disponible, la condition de viduité continue-t-elle de subsister? — Nous le pensons. L'option qui est laissée dans ce cas à l'héritier à réserve a pour but de bien préciser la charge qu'il doit supporter. La quotité n'est pas donnée sous une alternative, elle est *in facultate solutionis*, la donation reste toujours la même, c'est la manière de se libérer qui est changée; la condition doit donc subsister. C'est ce qui a été jugé par un arrêt de la cour d'Angers du 18 février 1847, confirmé par un arrêt de rejet de la Cour de cassation du 8 janvier 1849.

## CHAPITRE DEUXIÈME.

### INFLUENCE D'UN SECOND MARIAGE SUR LA FILIATION DES ENFANTS.

90. Nous avons vu au numéro 87 qu'une femme ne peut se remarier que dix mois après la dissolution de son premier mariage. Mais nous avons en même temps fait observer que cette défense constitue seulement un empêchement prohibitif. Supposons qu'une femme se remarie trois mois après la mort de son mari. Il pourra dès lors arriver qu'un enfant naisse plus de cent quatre-vingts jours après la célébration du second mariage et moins de trois cents jours après la dissolution du premier. Qui

sera le père? Entre les deux présomptions de la loi, laquelle choisir? Toutes les deux sont inapplicables. On devra s'en rapporter au témoignage des médecins pour savoir si l'enfant est né après une longue ou une courte gestation, et suivant cet avis, décider qu'il est né des œuvres du premier ou du second mari. S'il y avait doute, ce serait à ce dernier que devrait être attribué l'enfant, comme le décidaient les anciens auteurs. Cette décision sauvegarde l'honneur de la mère, en ne supposant pas, comme le système contraire, qu'elle a contracté une nouvelle union étant en état de grossesse.

91. Une autre question plus délicate s'est présentée : Un enfant naît dans les trois cents jours qui suivent la dissolution du mariage par la mort du mari. Cet enfant est présumé né de ses œuvres d'après les articles 312 et 315 du Code Napoléon et réputé légitime. Cette présomption de la loi est-elle invincible ou faut-il dire, au contraire, qu'elle peut cesser si une personne le reconnaît et le légitime ensuite en épousant sa mère? C'est en ce dernier sens qu'a jugé la Cour de cassation le 23 novembre 1842. La Cour de Paris avait, le 13 juillet 1839, adopté le système contraire. Nous nous rangeons à cette dernière opinion.

L'article 315 établit une présomption invincible, absolue : « La légitimité de l'enfant né moins de trois cents jours après la dissolution du mariage ne pourra être contestée. » Que l'enfant soit né plus de cent soixante-dix jours après la mort du mari, peu importe. Les distinctions qu'on voudrait établir à cet égard seraient toutes arbitraires, peu conformes au texte de la loi; elles établiraient la confusion et l'incertitude dans une matière où la fixité des règles est surtout nécessaire. A notre avis, que l'enfant soit né le lendemain de la dissolution du mariage ou qu'il soit né deux cent quatre-vingt-dix-neuf jours après, son état est dans tous les cas définitivement fixé. Sans doute, à mesure que la naissance s'éloigne de la mort du mari, la présomption a plus de chances de s'éloigner de la vérité; mais tant qu'il y a possibilité, la présomption subsiste et elle est absolue. Si elle est absolue, l'enfant pas plus que les tiers ne peut la contredire; ces règles, d'ailleurs, sont d'ordre public, elles ne sont pas seulement dans l'intérêt de l'enfant. Cela admis, la légitimation de cet enfant par le second mariage est impossible. Cet enfant, en effet, placé sous la présomption de l'article 315, qu'il ne peut abdiquer, ne peut être reconnu comme enfant naturel. Cette reconnaissance étant radicalement nulle, le mariage subséquent de sa mère avec l'individu qui l'a reconnu ne peut être d'aucun effet.

92. Il y a cependant un cas où un enfant, quoique né dans les trois cents jours de la dissolution du mariage, pourrait être déclaré illégitime, et, par conséquent, à notre avis, légitimé par un second mariage de sa mère. Si une femme accouche le lendemain de son mariage, et dix mois après met au monde un autre enfant, cet enfant n'est pas né des œuvres du mari défunt. La présomption de l'article 315 tombe devant l'évidence. Si ensuite cet enfant est reconnu par une personne qui épouse sa mère, la légitimation résulte pour lui du second mariage. Mais ici l'enfant était un enfant naturel qui devient légitime. Les objections qui s'appliquent au système que nous combattions tout à l'heure ne pourraient être renouvelées ici.

## CHAPITRE TROISIÈME.

### INFLUENCE DU SECOND MARIAGE SUR LA PUISSANCE PATERNELLE.

93. M. Réal définit dans l'*Exposé des motifs* la puissance paternelle établie par le Code Napoléon « un droit fondé sur la nature et confirmé par la loi, qui donne au père et à la mère, pendant un temps limité et sous certaines conditions, la surveillance de la personne, l'administration et la jouissance des biens de leurs enfants.

Cette puissance fondée sur la nature ne pouvait être détruite par un second mariage. Le législateur cependant a dû la restreindre afin de préserver les enfants du premier lit, des effets funestes que pourrait avoir pour eux l'influence d'un beau-père et d'une belle-mère.

La puissance paternelle donne aux parents des droits nombreux. Nous parcourrons ses divers attributs pour nous demander jusqu'à quel point le second mariage vient les modifier.

## § 1er. *Droit de garde et d'éducation.*

94. Le père ou la mère remariés conservent le droit d'éducation et de garde sur leurs enfants du premier lit. Aucun texte ne restreint sous ce rapport la puissance paternelle ; ici moins qu'ailleurs on ne pourrait suppléer au silence de la loi.

Les lois romaines ne conservaient à la mère l'éducation de ses enfants qu'autant qu'elle n'était pas remariée ; mais notre ancienne jurisprudence elle-même ne suivait pas cette doctrine (1).

95. Cependant, si le père ou la mère remariés abusaient de leur droit, les tribunaux pourraient prendre les mesures qu'ils jugeraient convenables dans l'intérêt des enfants. Si, par exemple, les enfants étaient privés des soins nécessaires, s'ils étaient victimes de mauvais traitements, les magistrats pourraient enlever les enfants au père ou à la mère et ordonner qu'ils fussent placés chez quelqu'un de leurs proches parents, ou dans une pension désignée.

Ils ne devront toutefois user de ce pouvoir qu'avec la plus grande réserve, et lorsque la nécessité de protéger l'enfant l'exigera impérieusement. Les juges pourront prendre avant d'agir l'avis du conseil de famille et ordonner pour cela sa convocation. Ce serait même entrer, il semble, très bien dans l'esprit du législateur qui exige sa convocation dans tous les cas où l'enfant a des intérêts importants en jeu (2).

96. Quelles personnes ont qualité pour provoquer les mesures que nous venons d'indiquer dans l'intérêt de l'enfant ? Si l'époux remarié n'a pas la tutelle, le tuteur a tout d'abord le droit et le devoir d'agir, le subrogé tuteur a les mêmes obligations. Les membres du conseil de famille pourraient aussi pro-

(1) Cod. Just., liv. V, tit. 49, L. 1.
(2) Merlin, au mot *Éducation*.

voquer sa convocation pour demander son avis, et le juge de paix le convoquer d'office. Le ministère public pourrait-il agir directement contre le père ou la mère ? Quoique ce droit semble bien en rapport avec la nature de sa mission, on doit peut-être hésiter à le lui accorder en présence des textes qui déclarent qu'il ne peut agir que dans les cas spécifiés par la loi. Quoi qu'il en soit, il pourrait avertir le juge de paix qui convoquerait le conseil de famille. Quant au mineur, il pourra aussi avertir le juge de paix et même agir lui-même au besoin. C'est un droit de défense qu'il est difficile de lui refuser.

§ II. — *Droit de correction.*

97. Lorsque les parents ont des sujets de mécontentement très graves contre leurs enfants, la loi leur permet de les faire détenir pendant un certain temps. Ce droit de détention plus ou moins restreint, suivant l'âge de l'enfant, est encore modifié par le second mariage du père ou de la mère. C'est alors surtout que le législateur a dû préserver l'enfant de l'influence du beau-père ou de la belle-mère. Dans les circonstances ordinaires, s'il a moins de seize ans, le père agit par voie d'autorité, il s'adresse au président du tribunal qui doit délivrer l'ordre d'arrestation, la détention de l'enfant ne peut excéder un mois. Si l'enfant mineur a plus de seize ans le père ne peut agir que par voie de réquisition ; le président examine les griefs du père, en confère avec le procureur impérial, et s'il les trouve suffisamment établis il donne l'ordre d'arrestation ; la détention de l'enfant peut alors être portée à six mois.

98. Lorsque le père est remarié, il n'a plus pour faire détenir son enfant du premier lit que la voie de réquisition, lors même que cet enfant a moins de seize ans, qu'il n'a pas de biens personnels et n'exerce aucun état ; mais de ce que l'article 380, qui refuse au père la voie d'autorité, renvoie à l'article 377, il ne faut pas en conclure que la détention de l'enfant puisse être portée à six mois. Les articles 376 et 377 établissent une distinction fondamentale pour la durée de l'emprisonne-

ment suivant l'âge de l'enfant. Au-dessous de seize ans la détention est de un mois au plus, au-dessus elle peut aller jusqu'à six mois. Si l'article 380 se réfère à l'article 377, c'est uniquement quant à la forme à employer pour faire détenir l'enfant. Comment vouloir que cet article 380, tout en sa faveur, puisse aggraver sa position? Mais, dit-on, si le maximum d'un mois a été établi pour la détention de l'enfant de moins de seize ans, c'est précisément parce qu'alors le père agit par voie d'autorité; lorsque le père agit par voie de réquisition, le danger de l'arbitraire n'existe plus; le président peut donc ordonner la détention pendant six mois.

Cette raison est sans doute une de celles qui ont décidé le législateur, mais est-elle la seule, et ne faut-il pas dire aussi que la différence dans l'âge de l'enfant a déterminé la différence dans la durée de l'emprisonnement? Le législateur n'a-t-il pas dû penser que les écarts d'un enfant de quinze ans seraient suffisamment réprimés par une détention d'un mois, tandis que les fautes d'un enfant de plus de seize ans exigent quelquefois une punition plus sévère. C'est donc, à notre avis, uniquement l'âge de l'enfant qui doit déterminer la durée de la détention (1).

99. L'enfant dont le père remarié aura ainsi obtenu la détention par voie de réquisition aura-t-il un recours? L'article 382 dit bien que l'enfant détenu pourra adresser un mémoire au procureur général. Mais suivant quelques auteurs, le second alinéa qui contient cette mention doit être restreint aux cas spécifiés dans le premier alinéa, c'est-à-dire aux cas où l'enfant a des biens personnels ou exerce un état. D'autres, au contraire, pensent, et nous nous rangeons à leur avis, que le recours au procureur général est ouvert à l'enfant dans tous les cas où c'est par voie de réquisition que sa détention a été obtenue. En raison d'abord, rien ne peut fonder une distinction, et si un recours semblait devoir exister ce serait bien plutôt au cas où l'enfant serait détenu sur la demande de son père remarié, que dans le

(1) M. Demolombe, t. VI, n° 329. — *Contrà*, Zachariæ, t. 3, p. 678.

cas où il a des biens personnels ; le danger est beaucoup plus réel dans le premier cas que dans le second.

Juridiquement cette voie de recours est conforme aux principes du droit commun ; c'est une sorte d'appel qu'on ne peut refuser à l'enfant détenu sur l'ordre du président du tribunal. En matière de contrainte par corps, le tribunal ne prononce jamais qu'en premier ressort (1), et l'on voudrait que le président seul pût prendre une décision irrévocable dans un cas où il s'agit, non pas précisément de contrainte par corps, mais où la liberté individuelle est également en jeu.

Lorsque le père agit par voie d'autorité, il n'y a pas de recours, et cela se comprend ; le magistrat ne décide rien, il ne fait qu'obéir à l'autorité souveraine dont la loi investit le père de famille. Lorsque le père est remarié, il ne peut agir que par voie de réquisition ; dès lors le président délibère comme juge, sa décision ne peut être qu'en premier ressort.

L'opinion contraire se fonde uniquement sur la discussion du Conseil d'État, discussion qui, comme toujours, présente aux divers partis des arguments pour leur cause. En effet, nous voyons Cambacérès allant plus loin que l'article 382, ne donner à l'enfant le droit de recours que lorsqu'il a des biens personnels dont ses parents n'ont pas la jouissance. Nous voyons, au contraire, le tribun Vesin déclarer en propres termes que le recours doit avoir lieu dans tous les cas « afin d'empêcher que le droit de correction puisse jamais être un moyen de despotisme. » Quelle opinion fut préférée ? On peut croire que ce fut cette dernière lorsqu'on voit le droit de recours organisé dans un alinéa séparé de l'article 382. De la discussion du Conseil d'État, il ne ressort rien que le doute ; le doute suffirait seul pour nous faire admettre l'opinion la plus conforme à la liberté individuelle (2).

---

(1) Loi du 17 avril 1832, art. 20.

(2) Toullier, t. I, no 1056. — Zachariæ, p. 678, note 23. — Ducaurroy, Bonnier et Roustain, t. I, no 560. — *Contrà*, M. Marcadé, t. 2, sur l'art. 384. — M. Duranton, t. III, no 355. — Chardon, *Puissance paternelle*, no 29.

100. Quant à la mère veuve, elle ne peut jamais faire détenir ses enfants que par voie de réquisition et avec le concours des deux plus proches parents paternels. Si elle se remarie elle perd complétement le droit de détention attaché à la puissance paternelle. Mais si elle est maintenue dans la tutelle elle pourra agir comme tutrice conformément à l'article 468.

101. Ainsi la femme par son second mariage perd le droit de faire détenir son enfant du premier lit; le père voit seulement atténuer ce droit entre ses mains. Si le père perd sa seconde femme, la mère son second mari, sont-ils replacés par ce second veuvage dans la position où ils étaient avant leur convol? Oui, répondent beaucoup d'auteurs. Si le législateur a restreint le droit de correction entre les mains du père ou de la mère, c'est qu'il a craint l'influence hostile du nouvel époux; lorsqu'il meurt le danger disparaît : *Cessante causâ, cessat effectus* (1).

Nous n'admettons pas cette doctrine. Par le second mariage la femme perd le droit de correction, le père le droit de détention par voie d'autorité. Aucun texte ne nous dit qu'ils doivent rentrer dans la plénitude de leurs droits en redevenant veufs. Examinons les motifs de la loi. Elle ne suppose plus, disait M. Réal dans l'exposé de motifs, au père ou à la mère qui se remarie « la même tendresse, la même impartialité ». Ce motif, plus puissant sans doute pendant la vie du second époux, subsiste encore après sa mort. Par le fait seul de leur second mariage, la situation du père et de la mère se trouve changée vis à-vis de leurs enfants. L'influence de l'époux défunt subsiste toujours; il peut en résulter souvent des injustices, des partialités dans les querelles inévitables entre des enfants de différents lits. Si la mort du second époux ne fait pas rentrer le père ou la mère dans la position qu'ils avaient avant leur convol, pourquoi les art. 380 et 381 ne seraient-ils pas applicables (2)?

(1) Vazeille, *Du Mariage*, t. II, n° 425. — Zachariæ, t. III, p. 677, note 20.—Proudhon, t. II, p. 156.

(2) Ducaurroy, Bonnier et Roustain, t. I, art. 380, n° 556; M. Demolombe, t. VI, n° 324.

## § 3. — *Usufruit légal.*

102. Un autre attribut de la puissance paternelle, c'est l'usufruit légal de tous les biens de l'enfant mineur de dix-huit ans accordé au père durant le mariage, et après la dissolution du mariage à la mère survivante. L'origine en remonte au droit écrit et au droit coutumier; pécules des différentes sortes en droit écrit, gardes noble et bourgeoise du droit coutumier.

Cet usufruit, le père le conserve malgré son second mariage; la mère dans ce cas en est déchue. Pourquoi cette différence? On peut en donner plusieurs raisons. Une raison historique d'abord. Les coutumes ne s'accordaient pas sur la question de savoir si le second mariage devait faire perdre la garde au père ou à la mère. Les unes leur conservaient à la fois la garde noble et la garde bourgeoise, d'autres décidaient que la garde bourgeoise serait perdue et la garde noble conservée. Mais un grand nombre distinguait entre le mari et la femme, et cette dernière seule devait perdre la garde en se remariant. C'est cette dernière doctrine que le Code Napoleon a adoptée.

M. Réal donnait la raison de cette préférence : Il y aurait de l'inconvenance, disait-il, à établir en principe que la mère peut porter dans une autre famille les revenus des enfants d'un premier lit et enrichir ainsi son second époux à leur préjudice. Ajoutons qu'il y aurait eu danger à laisser aux mains d'un beau-père l'administration des biens qui, de fait ou de droit, lui appartient presque toujours, quel que soit le régime sous lequel les époux se sont mariés. Le mari investi de cette administration eût pu trop facilement détourner à son profit des revenus destinés à l'entretien et à l'éducation d'enfants pour lesquels il a peu d'affection.

103. Lorsque la mère remariée redevient veuve, l'usufruit légal ne renaît pas en sa faveur. Le texte de la loi est positif. « La jouissance cessera... » Il ne dit pas pour renaître sous telle condition. Pour décider autrement il faudrait un texte précis : il n'y en a aucun.

D'ailleurs les motifs qui ont fait enlever à la mère cet usufruit, quoique affaiblis beaucoup, ne disparaissent pas, nous l'avons déjà dit, par son second veuvage, surtout s'il y a des enfants nés du second mariage (1).

104. Si le second mariage avait été déclaré nul, la mère n'en aurait pas moins perdu son usufruit légal par le fait seul de la célébration. Toutefois, plusieurs auteurs font une distinction : la mère, disent-ils, perdra son usufruit si elle a contracté le mariage de bonne foi, car alors, à son égard, il conserve tous ses effets civils ; au contraire, si elle est de mauvaise foi, le mariage, ne produisant pour elle aucun effet civil, doit être considéré comme n'ayant jamais existé, et par conséquent elle ne peut avoir perdu aucun droit.—Cette solution serait regrettable si les textes nous forçaient à l'adopter, car la femme de bonne foi serait traitée plus durement que la femme de mauvaise foi. Mais les termes de l'art. 386 ne nous semblent pas devoir conduire à cette conséquence. Quoique le mariage ait été annulé, il a été célébré ; peut-être a-t-il duré fort longtemps avec toutes les apparences d'un mariage valable. N'est-ce pas suffisant, en présence de la conséquence fâcheuse où conduit la distinction que nous combattons, pour décider que le fait seul de la célébration est le point auquel s'est attaché l'art. 386 pour faire tomber l'usufruit légal de la mère (2) ?

Il y a cependant un cas où nous admettons une exception à notre doctrine, c'est celui où le second mariage n'aurait pas été contracté librement par la mère. La célébration n'est plus dès lors qu'un fait qu'on ne peut imputer à la femme, puisqu'il a été accompli contre sa volonté.

---

(1) Delvincourt, t. I, p. 93, note 8. — Proudhon, *De l'Usufruit*, t. 144. Vazeille, *Du Mariage*, t. II, n° 470. — M. Duranton, t. III, n° 388. — *Contrà*, Toullier, t. I n° 496.

(2) M. Demolombe, t. VI, n° 563.—M. Marcadé sur l'art. 386.—Proudhon, *De l'Usufruit*, n° 144. — *Contrà*, M. Duranton, t. III, n° 387. — Vazeille, t. 2, n° 470.

## § 4. — *Droit de consentir au mariage.*

106. Pour contracter mariage, le fils, jusqu'à vingt-cinq ans, la fille, jusqu'à vingt-un ans, doivent obtenir le consentement de leurs père et mère; si l'un des deux est mort, le consentement de l'autre suffit (149 C. N.).

Malgré la généralité des termes de cet article, M. Delvincourt a pensé que, lorsque la mère est remariée, son consentement pourrait ne pas suffire, surtout si elle n'était pas maintenue dans la tutelle, et que, s'il y avait opposition de la part de la famille, les juges pourraient y avoir tel égard que de raison. Il en donne plusieurs motifs. En premier lieu, d'après l'article 1398, le mineur habile à contracter mariage peut consentir toutes donations dans son contrat, pourvu qu'il soit assisté des personnes dont le consentement est nécessaire à la validité du mariage. Si la mère, que nous supposons non maintenue dans la tutelle, pouvait seule autoriser le mariage, elle pourrait donc, d'après l'article 1398, autoriser les donations, et pourtant l'enfant ne peut ordinairement disposer avec son consentement de l'objet le plus modique à lui appartenant; et quand même, ajoute cet auteur, la femme serait maintenue dans la tutelle, l'influence que le second mari peut exercer sur sa volonté suffirait pour faire admettre que le consentement de la mère ne présente pas assez de garantie pour valoir seul et sans contrôle. Enfin, M. Delvincourt tire un argument de la discussion du Conseil d'État. On avait proposé de dire que le consentement du père ou de la mère survivant suffirait pour le mariage de l'enfant, *quand même il aurait contracté un second mariage.* Ces derniers mots ont été supprimés (1).

Nous croyons ces raisons plus spécieuses que solides. D'abord, le texte est formel, et la suppression des derniers mots de l'article 149, qui eut lieu lors de la discussion du Code du Conseil d'État, ne prouve rien pour la doctrine que nous combattons,

(1) Delvincourt, t. I, p. 59, note 2.

puisque cette suppression n'eut lieu que sur l'observation que la règle générale suffisait. Le législateur avait donc l'intention de ne faire sous ce rapport aucune distinction entre la mère veuve et la mère remariée.

Dès lors, sur quel texte fonderait-on l'opposition des collatéraux, lorsque la loi ne leur accorde ce droit qu'à défaut de tout ascendant et seulement dans deux cas (art. 174.) Quant à l'objection tirée de l'article 1398, elle prouve beaucoup trop. Si elle était fondée, non seulement le consentement de la mère remariée et maintenue dans la tutelle, pourrait être combattu par le dissentiment des collatéraux, mais aussi celui du père tuteur ; car le tuteur ne peut autoriser seul le mineur à aliéner la moindre partie de ses immeubles (45 C. N.).

Le droit accordé par l'article 1398 est distinct de la tutelle. C'est un pouvoir spécial que la mère, même mariée, conserve comme un attribut de la puissance paternelle. Cette doctrine, adoptée par tous les auteurs, est aussi admise par la jurisprudence (1).

## § 5. *Droit aux aliments.*

107. Le droit de demander des aliments en cas de besoin existe entre certains parents et certains alliés que la loi détermine. Le second mariage, qui laisse toujours subsister l'obligation entre parents, la modifie quelquefois entre alliés.

Le gendre ou la bru doivent des aliments à leur beau-père ou belle-mère (206 C. N.). Lorsque la belle-mère convole en secondes noces, elle conserve le droit de demander des aliments à ses enfants, mais elle ne peut plus en demander à son gendre ou à sa belle-fille. Quant au beau-père, la loi n'en parle pas ; nous devons en conclure que le second mariage qu'il contracte ne le prive pas du droit aux aliments. Pourquoi cette différence ?

---

(1) M. Duranton, t. II, no 90. — M. Demolombe, III, no 45.— M. Marcadé sur l'art. 149, no 4. —Zachariæ, t. III, p. 265.—Cour de Bastia, 3 février 1836.

La belle-mère, en se remariant, quitte son nom, et devient, il semble, plus étrangère que le beau-père à sa première famille. Et puis la femme, en se remariant, passe sous la domination de son nouveau mari; la pension alimentaire sera remise à ce dernier et peut être dissipée par lui. Quant au beau-père, sa position n'est pas la même.

108. Si c'est la bru qui se remarie, perd-elle aussi le droit d'exiger des aliments de son beau-père ou de sa belle-mère? — Oui, disent beaucoup d'auteurs, les raisons de décider sont les mêmes. Nous n'admettons pas cette doctrine. Le texte ne parle que de la belle-mère, et nous ne voyons pas comment la bru pourrait, par analogie, être privée d'un droit que la loi ne lui enlève pas expressément. Le législateur n'a-t-il pas pu considérer que la bru, plus jeune que la belle-mère, est dès lors plus excusable. Que cette raison soit plus ou moins vraie, elle a pu néanmoins influer sur l'esprit du législateur et lui faire admettre cette distinction (1).

109. Quoique la belle-mère remariée ne puisse plus demander des aliments à son gendre ou à sa bru, elle doit néanmoins leur en fournir s'ils sont dans le besoin. L'article 206 qui déclare que l'obligation des gendres et belles-filles cesse par le convol de la belle-mère, ne parle pas de l'obligation de celle-ci.

L'article 207 qu'on nous oppose n'établit la réciprocité que pour les obligations et non pas pour le cas où elles cessent. Si cette assimilation entre les deux cas avait été dans la pensée du législateur, n'aurait-il pas dit : Les dispositions précédentes sont réciproques, au lieu de : Les obligations résultant de ces dispositions sont réciproques. Que la belle-mère soit privée par son convol du droit d'exiger des aliments, on le comprend; mais ce qu'il est moins facile d'admettre, c'est que la loi puisse en faire sortir un préjudice pour le gendre ou pour la bru.

(1) M. Demante. — *Contrà*, M. Demolombe, t. IV, n° 29. — M. Duranton, t. 2, n° 421. — Zachariæ, t. III, p. 691. — M. Marcadé, t. II, sur l'art. 207.

La belle-mère qui a perdu son droit en se remariant ne le recouvre pas en devenant veuve (1).

## CHAPITRE QUATRIÈME.

### INFLUENCE DU SECOND MARIAGE SUR LA TUTELLE.

110. Pendant le mariage l'enfant mineur est soumis à l'autorité de ses parents ; le père, avec le concours et sous la surveillance de la mère, prend soin de son éducation, des biens qu'il peut avoir. Le mariage dissous par la mort de l'un des deux époux, l'autre conserve la puissance paternelle ; mais cette puissance absolue et sans contrôle n'a pas semblé au législateur une suffisante garantie pour cet enfant, que la mort de son père ou de sa mère vient d'investir d'une fortune particulière, en même temps qu'elle le prive d'un de ses protecteurs naturels. Il a donc institué un nouveau pouvoir : la tutelle, pouvoir tout de protection, qui le plus souvent sera réuni dans les mêmes mains avec la puissance paternelle, mais qui du moins aura pour garantie la surveillance d'un subrogé tuteur et d'un conseil de famille.

### § Ier. — *De la tutelle légitime du père ou de la mère.*

111. Après le décès de l'un des époux, le survivant est tuteur de plein droit (art. 390 Code Napoléon) ; mais, que le père ou la mère contractent un second mariage, leur position n'est plus la même.

Le père reste, sans avoir aucune formalité à remplir, le tuteur de ses enfants du premier lit ; chef de la nouvelle famille comme il l'était de l'ancienne, la loi a confiance dans son impartialité, qui pourra bien être combattue par une influence étrangère, mais qu'il aura toujours la liberté de maintenir.

---

(1) M. Duranton, t. II, nº 420. — Zachariæ, t. III, p. 691, note 6. — Ducaurroy, Bonnier et Roustain, t. I, nº 558. — *Contrà*, M. Demolombe, t. IV, nº 29.

La position de la mère est bien différente; soumise à son nouveau mari, elle ne peut agir qu'avec son autorisation. Serait-il prudent de confier, sans examen, l'éducation, la fortune des enfants d'un premier lit à un homme que le choix de la mère désigne bien à la confiance de la famille, mais qui peut-être aussi ne présente pas les garanties suffisantes de moralité et de capacité.

En conséquence, la loi veut qu'avant le mariage la mère tutrice convoque le conseil de famille. Ce conseil est libre de lui enlever ou de lui laisser la tutelle.

Deux hypothèses peuvent alors se présenter :

1° La mère ne convoque pas le conseil de famille ;

2° La mère convoque le conseil de famille.

112. *Première hypothèse.* — « Si la mère ne convoque pas le conseil de famille, elle perd la tutelle de plein droit, et son nouveau mari est solidairement responsable de toutes les suites de la tutelle qu'elle a indûment conservée (art. 395 Code Napoléon).

Les termes de cet article, qui semblent contradictoires, donnent naissance à plusieurs questions importantes.

La mère qui se remarie sans convoquer le conseil de famille n'est plus tutrice de droit, mais elle reste tutrice de fait ; elle ne peut donc plus engager le mineur envers les tiers; les payements qu'elle recevrait en son nom devraient être déclarés nuls, sur la demande du mineur qui n'en aurait pas profité, à moins que la mère n'eût dissimulé son mariage à ce tiers, et par conséquent l'eût mis dans l'impossibilité de savoir que ses pouvoirs étaient expirés. La mère, tutrice de fait, non-seulement peut, mais doit faire tous les actes conservatoires dans l'intérêt du mineur ; elle serait même responsable d'avoir négligé de le faire.

113. La mère est donc encore tutrice jusqu'à un certain point; et il faut en conclure que ses biens continuent d'être grevés de l'hypothèque légale qui frappe les biens des tuteurs. Cette administration que la mère a conservée n'est pas une simple gestion d'affaires, c'est encore une tutelle ; on peut donc

lui en appliquer toutes les charges, sans violer les articles du Code qui décident que l'hypothèque légale n'existe que dans les cas déterminés par la loi (2115, 2116). La solution contraire conduirait d'ailleurs à ce résultat incompréhensible, que la mère, en n'obéissant pas à la loi, pourrait se décharger de sa responsabilité, ou du moins des garanties imposées pour qu'elle soit efficace (1).

114. Quant au second mari, il est le complice de la faute que la femme vient de commettre; c'est lui qui, presque toujours, va prendre en main l'administration des biens des mineurs; la loi le déclare, en conséquence, « solidairement responsable de toutes les suites de la tutelle que la femme a indûment conservée ». Cette responsabilité doit-elle s'étendre à la gestion antérieure au mariage? La plupart des auteurs décident qu'il en doit être ainsi, et des arrêts très-nombreux sont venus confirmer leur opinion. Cette opinion a, d'ailleurs, pour elle le droit romain et l'unanimité des anciens auteurs (loi 6 au Code *In quibus causis*. — Ferrières, *Des Tutelles*, part. 1re, section III, n° 116. — Domat, *Lois civiles*, 1re part., liv. II, tit. 1er, n° 37, — Pothier, *Traité de l'Hypothèque*, chap. I, sect. 1re, art. 3). Comment, dit-on, les rédacteurs du Code auraient-ils voulu s'écarter d'une opinion aussi universellement établie? Cela est impossible, et leur volonté, à cet égard, ressort de la différenc des termes dans les articles 395 et 396. Si, d'ailleurs, le mari encourt une responsabilité sévère, elle sera souvent fort juste; car c'est lui qui, presque toujours, détourne la femme de remplir les formalités que la loi lui impose (2).

Je ne puis admettre cette interprétation, qui, sans qu'un texte formel le décide, fait peser sur le second mari la responsabilité d'une administration à laquelle il est peut-être resté totalement étranger. Il résulte, au contraire, clairement de la discussion

(1) M. Demolombe, t. VII, n° 124. — M. Troplong, *Des Hypothèques*, t. 2, n° 426. — M. Valette sur Prudhon, *Traité des Personnes*, t. 2, p. 289. — Cass., 15 déc. 1825. — *Contrà*, M. Duranton, t. XIX, n° 312.

(2) M. Troplong, *Des Hypothèques*, sur l'art. 2121. — M. Valette sur Proudhon, t. 2, p. 200. — Poitiers, 28 déc. 1824. — Nîmes, 30 nov. 1831.

qui eut lieu au Conseil d'Etat et au Tribunat, qu'on n'a jamais voulu attribuer au second mari une responsabilité portant sur des faits antérieurs au second mariage. Le premier projet le disait expressément : « Le nouveau mari sera solidairement responsable de l'indue gestion qui aura eu lieu depuis le mariage. » Les modifications proposées par le Tribunat et adoptées par le Conseil d'Etat tendaient uniquement à établir, en termes formels, que le mari serait responsable du défaut de gestion, aussi bien que de l'indue gestion, mais toujours depuis le mariage.

Les termes de l'article 395, deuxième alinéa, dont on fait un argument dans l'opinion contraire, n'ont jamais eu d'autre but que de préciser cette responsabilité du mari. Les mots « depuis le mariage » qui se trouvaient dans le premier projet, n'ont pas été reproduits dans la rédaction définitive. Cela est vrai ; mais ne serait-il pas exorbitant de tirer de cette suppression, dont la cause n'est nullement expliquée, une interprétation de l'article directement contraire à la volonté constante du législateur (1).

115. A partir de la célébration, le second mari est solidairement responsable avec sa femme de toutes les suites de son administration. Cette responsabilité est-elle garantie par une hypothèque légale ? Nous ne le pensons pas. Dire que le mari est solidairement responsable avec sa femme, ce n'est pas dire qu'il est responsable comme elle. Rien n'indiquant que la loi ait voulu accorder au mineur cette nouvelle garantie, nous ne pouvons établir une hypothèque dans le silence de la loi. Mais, dit-on, le second mari est cotuteur de fait, comme la femme est tutrice de fait ; il y a contradiction à vouloir frapper les biens de celle-ci d'une hypothèque légale, et à en exempter les biens de son mari. Je réponds que leur position n'a pas paru la même au législateur, puisque, en investissant en termes exprès la femme d'une tutelle de fait, il n'a pas dit, comme il aurait pu le faire, que le mari serait de même cotuteur. En agissant ainsi, le législateur n'a pas donné de nouvelles garanties au mineur, mais il lui a

(1) Ducaurroy, Bonnier et Roustain, t. I, art. 395. — M. Demolombe, t. VII, n° 127.

laissé toutes celles qu'il avait auparavant, puisque nous convenons que l'hypothèque légale qu'il avait sur les biens de sa mère continue de subsister (1).

116. Observons en terminant sur cette première hypothèse, que la femme qui a perdu de plein droit la tutelle légale en se remariant sans convoquer le conseil de famille, pourrait cependant être nommée tutrice en vertu d'une délibération régulière de ce même conseil. Il est possible que cette négligence ne soit que le résultat de l'ignorance, et n'ait eu aucun inconvénient pour le mineur. Quel l'avantage y aurait-il d'ailleurs à enlever au conseil de famille le droit de confier par son vote la tutelle à la mère, digne peut-être, à tous égards de la conserver.

117. *Deuxième hypothèse.* — Avant la célébration de son mariage, la mère convoque le conseil de famille. Il y a deux partis à prendre. Le conseil peut enlever la tutelle à la mère et nommer un tuteur étranger. Il peut lui conserver la tutelle, et, dans ce cas, il doit nécessairement nommer le second mari cotuteur. Lorsque la femme est tutrice et le mari cotuteur, leurs immeubles à tous deux sont grevés de l'hypothèque légale; il n'y a plus de doute. Les biens du mari sont en outre grevés d'une hypothèque légale, du chef de la femme. Cette hypothèque doit être primée par celle des mineurs; car la femme, en convoquant le conseil de famille, en concourant à toutes les opérations qui ont eu pour résultat de faire nommer son mari cotuteur et de conférer une hypothèque légale à ses enfants, les a tacitement subrogés à tous ses droits. Si, au moment du second mariage, le mari eût consenti solidairement avec elle une obligation hypothécaire pour sûreté d'une créance des pupilles, elle aurait, par cela seul, renoncé tacitement à son hypothèque légale. Ne doit-on pas décider de même ici où la loi, à défaut de conventions expresses, stipule avec le consentement et le concours de la

(1) M. Duranton, t. III, no 426, et t. IX, no 312. — M. Marcadé, t. II, sur l'art. 392. — Zachariæ, t. I, p. 247.—Cour de Nîmes, 16 août 1833. — *Contrà*, M. Demolombe, t. VII, nos 128 et suiv.—Magnin, *De la Minorité*, t. I, no 457. — Arrêt de Cass. du 14 déc. 1836.

femme une obligation hypothécaire du mari solidairement avec elle (1).

118. Les enfants ont dès lors à la fois une tutrice et un co-tuteur. Qui devra gérer la tutelle? La loi ne le dit pas. On doit en conclure que la gestion appartient à la fois à la mère et au second mari. Si la femme agit, elle devra être assistée de son mari. Si c'est le mari, la femme devra signer avec lui les actes, ou du moins lui donner sa procuration. On doit le décider ainsi, quand même les époux seraient mariés sous le régime de la séparation de biens. La loi ne fait pas de distinction entre les différents régimes; elle dit uniquement que la mère étant tutrice, le second mari est nécessairement cotuteur.

119. Il faut également conclure de ces expressions que, dès que le mari cesse d'être co-tuteur, qu'il soit excusé ou destitué, la tutelle de la mère doit cesser (2), et que tout événement qui met fin à la tutelle de la mère fait également cesser la tutelle du mari. Le mari n'est tuteur qu'à cause de la tutelle de la mère; ce n'est qu'un cotuteur.

120. Si la séparation de corps vient ensuite à être prononcée entre les époux, il est presque impossible que l'administration simultanée, qui existait auparavant, continue maintenant que tout rapport doit cesser entre la femme et son mari. Faut-il dire que la séparation de corps met fin de plein droit à la tutelle de la mère et à la cotutelle du mari? Cette solution, que le texte de la loi n'autorise pas, serait d'ailleurs le plus souvent contraire aux intérêts du mineur. Le conseil de famille devra alors décider. L'article 444 du Code Napoléon lui donne le droit de destituer de la tutelle ceux qui sont d'une inconduite notoire; la séparation de corps résulte toujours de faits qui, rendus publics par le jugement, peuvent motiver la destitution de celui qui s'en est rendu coupable. Si c'est la femme, sa destitution met fin à la cotutelle du mari. Si c'est le mari qui est destitué, il sem-

(1) Ducaurroy, Bonnier et Roustain sur l'art. 396. — Arrêt de Cass. du 22 nov. 1836.

(2) Arrêt de Bruxelles du 18 juillet 1810.

ble bien, d'après l'article 396, que la mère ne peut seule conserver la tutelle. Cependant on pourrait peut-être dire que l'art. 396, en faisant de la cotutelle du mari une condition indispensable de la tutelle de la mère remariée, n'a pu avoir en vue ces cas exceptionnels où le mari se trouve séparé de sa femme et n'a plus aucune influence sur elle.

On peut en dire autant du cas où le mari est interdit. La femme qui, dans ce cas, peut être nommée tutrice de son mari, doit à plus forte raison conserver la tutelle de ses enfants.

III. Le conseil de famille peut-il, tout en maintenant la mère qui se remarie dans la tutelle, restreindre ses pouvoirs, et, par exemple, lui imposer l'obligation de ne recevoir les capitaux du mineur qu'avec l'assistance du subrogé tuteur? Les auteurs et les tribunaux sont divisés sur cette question. Ceux qui adoptent l'affirmative raisonnent ainsi : Le conseil de famille aurait le droit d'enlever la tutelle à la mère ; il peut, à plus forte raison, en la maintenant dans la tutelle, lui imposer certaines conditions d'administration. Qui peut le plus peut le moins. Ce pouvoir laissé au conseil de famille est souvent très-avantageux au mineur; car, de cette manière, le conseil, sans enlever à la mère remariée la tutelle, qu'elle est peut-être parfaitement en état de gérer, prend des précautions contre les éventualités possibles d'une mauvaise administration, contre laquelle l'hypothèque légale est un remède illusoire, lorsque le tuteur n'a pas d'immeubles (1).

Nous n'admettons pas cette opinion. La mère est tutrice légale; en se remariant son pouvoir ne change pas de caractère, c'est de la loi, et de la loi seule, qu'elle le tient; le conseil de famille ne fait que le lui conserver. Le conseil de famille a ses attributions tracées comme les tuteurs ont les leurs. Il ne pourrait, sans usurpation, modifier ce que le législateur a pris soin de régler lui-même. On invoque l'intérêt des enfants. Mais est-

(1) Zachariæ, t. I, p. 224. — Chardon, *Puissance tutélaire*, n° 25. — Arrêt de Cass., 20 juillet 1842, et 20 juin 1843. — Rouen, 8 août 1827. — Agen, 14 juin 1830.

ce que la loi n'a pas eu, dans toutes ses dispositions, uniquement cet intérêt en vue. Pourquoi vouloir se montrer plus sage que la loi? On en conviendra, du reste, il y a un grand avantage pour le mineur lui-même à ce que les pouvoirs des tuteurs soient toujours nettement et invariablement tracés d'avance, et non modifiés dans des délibérations de famille, toujours ignorées des tiers. S'il en était ainsi, il n'y aurait plus de sûreté à traiter avec le tuteur, dont rien ne révélerait les véritables pouvoirs.

Une autre raison nous fait encore pencher pour ce système. Quand le législateur a voulu permettre de modifier les droits des tuteurs, il s'en est expliqué formellement, comme dans l'article 507. La loi est muette ici; c'est donc les dispositions générales qui sont applicables (1).

122. Le conseil de famille peut aussi enlever la tutelle à la mère qui se remarie, et cela sans exprimer de motifs. Nous ne sommes pas ici dans un des cas d'application de l'article 447, qui veut que toute exclusion ou destitution de tutelle soit motivée. Cet article ne s'occupe que des cas spécifiés dans les articles précédents, où les destitutions ou exclusions ne peuvent avoir lieu que pour des causes spécialement déterminées. Ici, le conseil de famille décide souverainement. Par la même raison, nous ne pensons pas que la mère non maintenue dans la tutelle pût se pourvoir devant les tribunaux contre la décision du conseil.

123. Si la mère redevient veuve, elle ne reprend pas de plein droit la tutelle qui lui est enlevée. Cette disposition, adoptée par plusieurs législations étrangères, nous semblerait d'ailleurs assez dangereuse, car la mère, même veuve de son second mari, pourrait ne pas présenter les garanties qu'offre toujours la femme non remariée. Le conseil pourrait, du reste,

---

(1) M. Duranton, t. III, nº 425.—Magnin, *De la Minorité*, t. I, p. 455. — M. Demolombe, t. VII, nºs 112 et suiv.— Arrêt de Caen, 30 déc. 1845 — Toulouse, 2 juillet 1821. — Grenoble, 28 juillet 1832. — Rouen, 30 novembre 1840.

sur sa demande, lui confier de nouveau la tutelle qu'il lui avait enlevée lors de son second mariage.

§ II. *De la tutelle déférée par le survivant du père ou de la mère.*

124. La loi permet au survivant du père ou de la mère de choisir celui qui doit veiller sur l'éducation, les intérêts des enfants qu'il laisse orphelins. Leur affection répond de la bonté de leur choix.

Le second mariage du père ne lui enlève aucun droit à cet égard. Quant à la mère, il faut distinguer.

Si elle n'a pas été maintenue dans la tutelle, ou si elle l'a perdue de plein droit, faute d'avoir convoqué le conseil de famille, elle ne peut nommer un tuteur à ses enfants du premier lit.

Si, au contraire, elle a conservé la tutelle, elle a le droit de choisir un tuteur; mais le législateur, craignant encore l'influence du second mari, a voulu que ce choix fût confirmé par le conseil de famille (art. 400, Code Napoléon).

La mère pourrait, sans aucun doute, nommer tuteur son second mari; ce choix peut quelquefois être fort avantageux aux mineurs, car leur beau-père, qui était déjà cotuteur avec la mère, est au courant de l'administration de leurs affaires et peut leur porter une affection véritable. Le conseil de famille a, du reste, un pouvoir discrétionnaire pour approuver ou désapprouver le choix de la mère ; il ne doit compte à personne des motifs qui ont déterminé sa décision.

Ce droit que la loi conserve à la mère de nommer un tuteur à ses enfants sous la condition que son choix sera approuvé par le conseil de famille, produit cet effet important qu'elle peut, de cette manière, exclure de la tutelle les ascendants de ses enfants.

La mère, en perdant son second mari, ne rentre pas dans les règles ordinaires; elle est toujours soumise aux prescriptions des articles 399 et 400 du Code Napoléon.

## CHAPITRE CINQUIÈME.

### INFLUENCE DU SECOND MARIAGE SUR LA QUOTITÉ DISPONIBLE ENTRE ÉPOUX.

125. L'édit des secondes noces, reproduit en entier dans notre première partie, ne faisait que généraliser les deux lois célèbres du Code de Justinien, la loi *Fœminæ* et la loi *Hac Edictali*. Le second chef de l'Édit, calqué sur la loi *Fœminæ*, ordonnait à la femme qui se remariait de conserver à ses enfants du premier lit tout ce qu'elle aurait reçu de son premier mari à quelque titre que ce fût. Notre Code, qui ne s'occupe pas de l'origine des biens pour en régler la disponibilité, n'a pas reproduit cette disposition, qui d'ailleurs entravait la circulation de la propriété.

Quant au premier chef de l'Édit, il a servi de base à l'article 1098 de notre Code. Cet article, objet de notre chapitre, est ainsi conçu : « L'homme ou la femme qui, ayant des enfants d'un autre lit, contractera un second ou subséquent mariage, ne pourra donner à son nouvel époux qu'une part d'enfant légitime le moins prenant, et sans que, dans aucun cas, ces donations puissent excéder le quart des biens. »

Nous examinerons successivement : 1° dans quel cas on doit appliquer le retranchement fixé par l'article 1098 ; 2° quelles donations sont sujettes à ce retranchement ; 3° par quelles personnes l'action en retranchement peut être exercée, et quels sont ses effets.

### § Ier. — *Cas dans lesquels on doit appliquer le retranchement de l'article* 1098.

126. Pour que l'article 1098 soit applicable, il faut que l'époux qui se remarie ait des enfants d'un autre lit, et que de plus les donations qu'il fait à son nouveau conjoint excèdent soit le quart des biens, soit la part d'enfant le moins prenant.

Que doit comprendre le mot *enfants*.

127. La prohibition de l'article 1098 atteint l'homme ou la femme qui n'aurait qu'un seul enfant. On le décidait ainsi sous les coutumes de Paris et d'Orléans (1). Il est naturel d'adopter aujourd'hui la même interprétation lorsqu'on voit surtout divers articles de notre Code employer indifféremment, en parlant des enfants, le singulier ou le pluriel (art. 960 et 1094 Code Napoléon).

128. L'article 1098 serait applicable également si l'époux qui se remarie n'avait que des petits-enfants. L'édit des secondes noces le disait formellement, et Pothier et Ferrières décidaient ainsi sous l'empire de coutumes qui s'exprimaient comme le fait aujourd'hui le Code Napoléon.

Il en serait de même dans le cas où un aïeul se remarierait pendant la grossesse de sa bru. Les enfants simplement conçus sont toujours réputés nés lorsqu'il s'agit de leurs intérêts.

129. Pour savoir si les libéralités faites au second époux excèdent la quotité disponible de l'article 1098, c'est au moment du décès du donateur qu'il faut se reporter. Si donc à ce moment tous les enfants du premier lit sont décédés, il n'y a plus lieu à l'application de cet article. C'est uniquement en leur faveur qu'il a été édicté. Les termes d'ailleurs de l'article 1098 qui fixent la quotité disponible à la part d'enfant le moins prenant font bien voir que c'est l'époque du décès du donateur qu'il faut considérer, puisque cette part ne peut être connue qu'au moment où sa succession est ouverte.

130. Si les enfants du premier lit sont renonçants, ils ne peuvent pas non plus critiquer les donations faites par leur père ou par leur mère remariés comme excédant la quotité disponible de l'article 1098. Cependant cette interprétation n'a pas été adoptée par Grenier et Chabot ; ils fondent leur opinion sur ce que, même dans les pays coutumiers, on admettait que les en-

(1) Dig., tit. *De Verbor. signific.*, L. 148. — Pothier, *Coutume d'Orléans*, art. 203, note 2.

fants avaient droit au retranchement, non comme héritiers, mais en leur seule qualité d'enfants.

Ce système, qui avait pour lui l'autorité de Ricard et de Pothier, n'a plus aujourd'hui de partisans. Les lois romaines décidaient, il est vrai, que les légitimes et les retranchements étaient dus à la seule qualité d'enfant. On comprend dès lors que sous l'empire de l'édit, les jurisconsultes des pays de coutumes aient cru devoir appliquer les principes du droit romain à une loi qui en tirait son origine; mais aujourd'hui, sous l'empire du Code Napoléon, les lois romaines n'ont qu'une importance historique; il n'y a pas lieu de déroger, en cette matière, au principe suivant lequel l'action en réduction ne peut appartenir qu'à l'héritier. Or, l'enfant renonçant est, d'après l'article 758 du Code Napoléon, censé n'avoir jamais été héritier (1).

131. Les libéralités faites au second époux par le père ou la mère qui se remarient ne doivent jamais excéder la part d'enfant le moins prenant, ni le quart des biens. Cette dernière partie de l'article 1098 est une innovation. Sous l'empire de l'édit, lorsque la personne qui se remariait n'avait qu'un ou deux enfant du premier lit, il pouvait donner à son nouvel époux la moitié ou le quart de ses biens. Aujourd'hui il ne peut jamais donner que le quart, c'est le maximum.

Lorsqu'aucun des enfants n'est avantagé, l'époux donataire compte pour un enfant de plus. S'il y a trois enfants, il prend un quart; s'il y a quatre enfants, un cinquième, etc. Lorsque l'époux décédé a fait des avantages à un ou plusieurs de ses enfants, alors la part de l'époux donataire se règle sur la part de l'enfant le moins avantagé ou le moins prenant, comme dit le Code.

132. Le nouvel époux ne peut avoir qu'une part d'enfant, mais il doit avoir une part complète. Par conséquent, on doit lui accorder le droit de faire rapporter à la masse de la succession par chaque enfant tout ce qu'il aurait reçu par donation ou avan-

---

(1) M. Duranton, t. IX, n°. 818.— Coin-Delisle sur 1098, n° 7.

cement d'hoirie. L'article 857 du Code Napoléon semble, il est vrai, contraire à cette solution. Sans doute, le rapport n'est jamais dû que par le cohéritier à son cohéritier. Mais l'époux donataire n'exige ici qu'un rapport fictif sans lequel il n'obtiendrait pas tout ce qui lui a été promis, et pourrait même être entièrement dépouillé de ce qui lui revient.

Du reste, il ne pourrait pas demander le rapport des dons ou legs faits par préciput à l'un des enfants même depuis le contrat de mariage d'où lui viennent ses droits. Il ne peut demander le rapport qu'autant que les enfants eux-mêmes ont le droit de le demander. Mais ici de quoi se plaindrait-il lorsqu'il prend une part égale à celle qui revient de droit à l'enfant le moins avantagé. Il pourrait, toutefois, faire réduire les libéralités qui excéderaient la quotité disponible (1).

133. Quels sont les enfants auxquels il faut avoir égard pour fixer la part d'enfant qui peut être donnée au nouvel époux? — Il faut considérer le nombre de tous les enfants laissés par le donateur, tant ceux du premier que du second mariage. Le législateur n'a pas voulu qu'il fût permis de manifester plus d'affection pour son second mari ou sa seconde femme que pour aucun de ses enfants quelconques. C'est ainsi que le décidaient tous les anciens auteurs qui ont écrit sous l'empire de l'édit, et l'édit, comme l'article 1098, parlai de la part d'enfant légitime le moins prenant (2).

134. On ne doit compter, pour l'évaluation de la part d'enfant, ni l'enfant indigne, ni l'enfant absent, ni l'enfant renonçant. L'article 1098, en effet, ne s'occupe, pour fixer la quotité disponible que des enfants qui prennent quelque chose dans la succession de l'époux donateur.

Cependant plusieurs auteurs, et notamment Grenier et Chabot, tout en admettant que les enfants acceptants doivent seuls faire nombre pour fixer le disponible de l'art. 913, décident au-

(1) Arrêt de la Cour de Paris du 19 juillet 1833.

(2) Ricard, *Donations*, nº 1291.—Grenier, Ibid., nº 696.—Coin-Delisle sur l'art. 1098, nº 16.

trement lorsqu'il s'agit de l'art. 1098. Cette opinion n'est qu'une suite d'une autre opinion que nous avons déjà réfutée. MM. Chabot et Grenier avaient admis que le retranchement résultant de l'article 1098 devait être recueilli par les enfants du donateur, non en qualité d'héritiers, mais en qualité d'enfants, comme dans l'ancien droit. Cette solution n'est plus admise par personne aujourd'hui, aussi tout le monde admet-il que l'enfant à la succession est seul compté pour fixer la part d'enfant.

135. Lorsque l'époux qui se remarie laisse des petits-enfants pour héritiers, il peut se présenter deux hypothèses: Ou les petits-enfants représentant leur père viennent prendre sa part concurremment avec leurs oncles ou tantes existants, ou bien il y a seulement des petits-enfants d'un enfant unique prédécédé. Les anciens auteurs donnaient pour ces deux cas une solution différente. Dans le premier cas, la part de l'époux donataire se réglait sur la souche la moins prenante; dans le second cas, c'est-à-dire lorsque la succession se partageait entre des petits-enfants issus d'un même enfant, la part de l'époux donataire se réglait sur la part du petit-enfant le moins prenant. Pothier, Ricard et Lebrun le disaient formellement. Tous les auteurs s'accordent aujourd'hui à dire que leur opinion ne doit pas être suivie. Ce que la loi permet de donner à l'époux donataire, c'est une part d'enfant; la doctrine ancienne ne lui accordait qu'une part de petit-enfant. Qu'importe que les petits-enfants viennent de leur chef à la succession de leur aïeul, ils ne viennent exercer que ses droits dans la réserve fixée par l'article 1098.

Le résultat serait d'ailleurs bizarre. Il arriverait, en effet, que lorsque le défunt aurait laissé douze petits enfants nés d'un même enfant, le second époux donataire n'aurait droit qu'à un treizième, tandis que si le donateur, en mourant, laissait des petits enfants issus de trois enfants prédécédés, vingt petits enfants, par exemple, l'époux donataire pourrait perdre un quart; car, dans ce cas, d'après l'article 740, les petits-enfants viennent par représentation.

N'est-ce pas là une conséquence inadmissible, et qui prouve à elle seule que telle n'a pas été la pensée du législateur.

136. L'article 1098 fixe, pour le cas d'un second mariage, une quotité disponible particulière moins forte que la quotité disponible ordinaire. Il peut se faire, toutefois, qu'elle se trouve encore diminuée, ou même réduite à rien, lorsque la libéralité faite au second époux viendra en concours avec des libéralités antérieures. En effet, l'article 913 fixe une réserve pour les enfants; elle doit, dans tous les cas, leur rester intacte. Si donc un père qui se marie et qui fait une donation à sa femme a déjà disposé, d'une manière irrévocable, en faveur d'une autre personne, de toute la quotité disponible, la donation faite à la seconde femme, ne trouvant plus de biens sur lesquels elle puisse s'exercer, est caduque.

Si la première donation n'épuise pas tout le disponible, on doit s'assurer si les enfants trouveront leur réserve dans un partage égal avec l'époux donataire; dès lors celui-ci a une part d'enfant. Sinon, la réserve devra être partagée aux enfants, et le nouvel époux prendra le surplus (1).

137. Comment doit-on interpréter l'article 1098, lorsqu'un époux veuf se remarie plusieurs fois? Que pourra-t-il donner à chacune des personnes qu'il épouse?

Trois systèmes sont en présence :

La plupart des auteurs décident que l'époux veuf ne peut jamais disposer en faveur de ses nouveaux conjoints, pris collectivement, que d'une part d'enfant ou d'un quart des biens au plus. On se fonde sur l'opinion de tous les anciens auteurs, qui adoptaient cette solution sous l'empire de l'édit des secondes noces et sur la discussion qui eut lieu au Conseil d'Etat (2).

Dans une seconde opinion, l'article 1098 doit être combiné avec l'article 913. Chacune des donations faites par l'époux qui se remarie ne pourra excéder, prise isolément, une part d'enfant ou le quart des biens; mais, réunies, ces diverses libérali-

(1) Grenier, *Donations*, n° 710.—M. Duranton, t. IX, n° 815.—Coin-Delisle sur 1098, n° 19.

(2) Delvincourt, t. II, p. 439. — Toullier, t. V, n° 882. — Grenier, *Des Donations*, n° 712.

tés pourront atteindre la quotité disponible de l'article 913, c'est-à-dire qu'elles pourront aller quelquefois jusqu'à la moitié des biens (1).

Dans un troisième système, on dit : L'époux qui se remarie peut donner à chacun de ses nouveaux conjoints une part d'enfant le moins prenant, pourvu que ces donations réunies n'excèdent pas le quart des biens (2).

Nous ne pouvons admettre ces deux derniers systèmes. Le second, d'abord, nous semble violer évidemment l'art. 1098, qui veut que les donations faites dans ces circonstances ne puissent jamais excéder le quart des biens. Et cet article prévoit bien le cas de plusieurs mariages successifs, puisqu'il dit : « L'homme ou la femme qui..... contractera un second ou un *subséquent* mariage. » Le troisième système est plus conforme au texte, et l'ingénieuse conciliation qu'il propose séduit tout d'abord. Cependant il nous semble contraire à l'esprit de la loi, à la véritable pensée du législateur. Le premier système nous semble donc préférable. En effet, tous les anciens auteurs, et Ricard entre autres, décidaient que les nouveaux maris ne pouvaient avoir, pris collectivement, qu'une part d'enfant ; tous les Parlements jugeaient conformément à cette doctrine. Comment nos législateurs auraient-ils dérogé à une jurisprudence aussi constante, sans que rien, dans la discussion, vînt modifier le système de l'édit, lorsqu'au contraire M. Bigot de Préameneu, dans l'exposé des motifs au Corps législatif, se borne à dire que le Conseil d'Etat a voulu maintenir l'ancien système. Quant au changement dans les termes de la loi ancienne, il n'est pas assez important pour faire supposer un changement dans la pensée du législateur, alors que ces termes peuvent, suivant que les mots *part d'enfant* sont pris dans un sens collectif ou distributif, se porter à l'interprétation de la première ou de la troisième opinion.

138. La fixation de la part d'enfant le moins prenant doit

---

(1) M. Duranton, t. IX, no 804.

(2) M. Bugnet sur Pothier, t. VIII, p. 438.

être faite de manière que la portion attribuée à l'époux donataire soit toujours au moins équivalente à la réserve d'un enfant. Si par exemple un enfant à qui il aurait été fait un legs s'en tenait à ce don, quoiqu'il fût moindre que son droit dans la réserve, l'époux donataire ne serait pas obligé de ne prendre que la valeur équivalente du legs.

Cette question avait divisé les anciens parlements. La doctrine des parlements de Paris et de Toulouse était conforme à celle que nous venons d'exposer, mais le parlement de Bordeaux jugeait, au contraire, que l'époux donataire devait être réduit à la partie la moins forte prise par un enfant dans la succession, cette part fût-elle inférieure à la légitime, à moins toutefois que le don ne fût illusoire.

Tous les auteurs aujourd'hui s'accordent à dire que le Code Napoléon a consacré la doctrine du parlement de Paris. La décision contraire ouvrirait la porte à la fraude. Il serait facile à un des enfants de se concerter avec ses frères et sœurs, et, sous prétexte de désintéressement, de priver, par un concert frauduleux, le beau-père ou la belle-mère de la part qui lui revient.

### § II. — *Différentes donations sujettes au retranchement de l'article* 1098.

139. La prohibition de donner au nouvel époux au-delà de ce que permet l'article 1098, s'applique aux libéralités directes et aux libéralités indirectes.

Parlons d'abord des contributions directes. Il ne faut pas distinguer ici entre les libéralités faites par actes entre vifs et celles qui résultent d'un testament, ni entre les libéralités pures et simples et celles qui sont grevées de certaines charges non appréciables en argent. Si cette charge est appréciable, tout ce qui excédera la valeur de cette charge doit être considéré comme donation et réduit à la limite de l'article 1098.

140. Quant aux donations faites antérieurement au contrat de mariage à la personne que le donateur a depuis épousée,

elles seront régies, suivant les circonstances, par l'article 913 ou par l'article 1098. Les juges auront, en effet, à apprécier si la donation a été faite à une époque où le donateur n'avait pas en vue le mariage qu'il a contracté dans la suite, ou s'il ne l'a faite ainsi que dans le but d'éluder la loi ; dans ce dernier cas ce serait l'article 1098 qui serait applicable.

141. La donation peut affecter différentes formes. Si le donateur a donné à son nouvel époux tel immeuble ou telle somme déterminée, la libéralité sera fixée dès son principe; si, au contraire, le second époux a reçu une part d'enfant, le nombre des enfants diminuant, la part du donataire augmente. Quelle sera cette part si tous les enfants viennent à prédécéder? Il ne s'agit pas ici de réduire la donation, puisqu'il n'y a plus personne qui ait le droit de demander cette réduction. C'est une question d'interprétation. Il est plus sage, à notre avis, de décider que dans ce cas l'époux donateur n'a pas prévu le cas où tous ses enfants viendraient à prédécéder. Ce serait donc le quart, c'est-à-dire le plus fort disponible de l'article 1098 que le second époux devrait recevoir (1).

142. La donation d'une part d'enfant est conditionnelle; c'est, comme le remarquaient tous les anciens auteurs, une institution contractuelle qui devient caduque par le prédécès de l'époux donataire; les enfants nés de son mariage ne lui sont pas tacitement substitués, les principes de l'article 1093 sont ici applicables. Comment, en effet, supposer que le législateur, dont le but, en édictant l'article 1098, était de protéger les intérêts des enfants du premier lit, ait voulu mettre de plein droit les enfants du second mariage à la place de l'époux donataire.

Voilà pour les donations directes (2).

143. Il n'est pas permis aux époux de se donner indirectement

---

(1) Grenier, *Donations*, n° 683. —Toullier, t. V, n° 887.—Delvincourt, t. II, n° 445.—M. Duranton, t. IX, n° 823. — *Contrà*, Vazeille sur 1098, n° 12.

(2) M. Duranton, t. IX, n° 826.—Toullier, t. V, n° 889.— *Contrà*, Grenier, *Donations*, n° 684.

au-delà de ce qui leur est permis par l'article 1098. Les donations indirectes affectent les formes les plus multiples ; nous les rangerons sous trois espèces :

1° Les donations faites à personnes interposées ;

2° Les donations déguisées sous la forme d'un contrat onéreux ;

3° Tous les autres faits qui ont pour but et pour résultat d'enrichir l'autre époux.

144. 1° *Donations à des personnes interposées.* — L'article 1099 prohibe en général les donations à personnes interposées ; l'article 1100 détermine certaines personnes qui sont nécessairement présumées telles ; ce sont : les enfants issus d'un autre mariage de l'époux donataire ; les parents dont l'époux donataire serait l'héritier présomptif au jour de la donation.

La présomption d'interposition établie contre ces deux classes de personnes est absolue ; aucune preuve n'est admise contre elle (1352 C. N.).

Il peut bien y avoir en dehors de ces deux classes interposition de personnes. Mais c'est alors à celui qui allègue l'interposition à la prouver.

145. Les enfants communs ne sont pas réputés personnes interposées. En cela l'article 1100 n'a fait que reproduire l'ancien droit. Mais les enfants communs pourraient être de fait interposés comme toutes autres personnes : seulement cette interposition demanderait à être prouvée d'une manière bien évidente.

146. Sous le nom d'enfants, il faut nécessairement comprendre les enfants de ceux d'un premier lit ; l'article 1100 n'ajoute pas le mot *descendants;* mais le mot enfants doit être entendu dans le même sens que dans l'article 1098.

147. La présomption d'interposition doit s'étendre et aux enfants du conjoint donataire reconnus et aux enfants adoptifs. Si l'article 1100 dit simplement : aux enfants de l'autre époux issus d'un autre mariage, c'est uniquement pour excepter les enfants communs. Aussi l'article 911, qui est moins rigoureux que l'article 1100, répute en général personnes interposées tous

enfants ou descendants... Comment donner à l'article 1100 une interprétation moins rigoureuse (1) ?

148. Une seconde classe de personnes réputées interposées en cette matière se compose de tous les parents dont l'époux donataire est l'héritier présomptif au jour de la donation, et cela encore s'ils survivent à ce dernier.

Les aïeuls dont l'époux donataire n'est pas héritier présomptif ne doivent pas être compris dans cette prohibition. En vain on invoque pour l'opinion contraire les règles de l'ancien droit. L'édit de 1560, dit-on, ne désignait pas nommément les aïeuls et aïeules, il ne parlait que des père et mère, et cependant, par application de la maxime romaine tirée de la loi 201 *De verb. signific.* : « *Patris nomine avus demonstrari intelligitur.* » Pothier décidait que tous les parents de la ligne ascendante devaient être réputés personnes interposées. Aujourd'hui ni les aïeuls ni les père et mère ne sont nommés par l'art. 1100. Les uns et les autres ne tombent sous le coup de cet article que comme parents dont l'époux est héritier présomptif. Il n'y a plus de raison pour y faire rentrer forcément les aïeuls, sauf aux tribunaux à décider qu'il y a une interposition de fait (2).

149. Les parents dont l'époux donataire était héritier au moment où a été écrit l'acte de libéralité sont toujours et par cela seul réputés personnes interposées. La seule chose que la loi considère pour annuler la donation, c'est la pensée que le donateur a dû avoir, en faisant la libéralité, de favoriser indirectement son conjoint. Il n'y a donc pas lieu de distinguer ici entre les donations et les testaments. Aussi, quand le donateur mourrait immédiatement après avoir fait l'acte de libéralité avant le donataire ou légataire, la disposition n'en serait pas moins annulable comme faite à personnes interposées (3).

---

(1) M. Duranton, t. IX, no 834.—M. Marcadé sur l'art. 1100.— *Contrà*, Vazeille sur l'art. 1100, no 5.

(2) Vazeille sur 1100, no 4. — Duranton, t. IX, no 832. — *Contrà*, Grenier, no 687.

(3) M. Marcadé sur l'art. 1099. — *Contrà*, Coin Delisle sur 1099, no 9.

150. 2° *Donations déguisées sous la forme d'un contrat à titre onéreux.* — Ce genre de simulation est prohibé par l'article 911 qui est applicable ici; mais le cas d'application sera rare, la loi défendant le contrat de vente entre époux, excepté dans un petit nombre de cas (art. 1595 C. N.).

La simulation aura plus souvent lieu pour une partie du contrat que pour le tout; par exemple, le père remarié cède à sa seconde femme, pour remplacer un de ses propres aliénés, un immeuble d'une valeur considérable, et reconnaît faussement qu'elle a payé la différence, il y a là un avantage indirect.

Si le législateur n'avait pris soin de restreindre la liberté qu'il accorde en cette matière, rien ne serait plus facile aux époux que d'éluder les sages prescriptions de l'article 1098, au moyen des stipulations de leur contrat de mariage. Mais il n'en est pas ainsi. Dans les articles 1496 et 1527 il décide que les conventions permises dans le contrat de mariage seront pour le cas de second mariage considérées comme donations, et comme telles réduites à la qualité de l'article 1098, lorsqu'elles tendraient dans leurs effets à donner au second époux au delà de la quotité disponible fixée par cet article.

152. Les avantages réductibles peuvent naître de la confusion du mobilier et des dettes (1496), de l'attribution à l'un des époux de la totalité de la communauté, ou de la stipulation d'un préciput à son profit (1515, 1527). Par exemple, une femme qui a 20,000 fr. de dettes et 40,000 fr. de mobilier épouse un homme qui a 40,000 fr. de dettes et 20,000 fr. de mobilier, il y a pour le mari un avantage de 20,000 fr.

153. L'inégalité d'apports qui constitue ici un avantage indirect prohibé, peut non-seulement résulter des conventions matrimoniales, il peut résulter aussi des successions mobilières échues, depuis la célébration du mariage, à l'époux qui a des enfants d'un premier lit. Pothier et Lebrun, dont Toullier a suivi la doctrine, ne s'attachent, il est vrai, qu'à l'inégalité d'apports lors du mariage, parce qu'alors, disent-ils, elle présente quelque chose de déterminé et de certain, tandis que les successions échues depuis le mariage ne présentant, au moment de la célé-

bration, qu'un gain fort aléatoire, on ne peut dire que par l'adoption du régime de communauté l'époux ait voulu ainsi avantager son nouveau conjoint. Cette distinction est inadmissible en présence des textes précis du Code, d'après lesquels toute convention qui tendrait *dans ses effets* à procurer à l'époux un avantage supérieur à la quotité fixée par l'article 1098, sera réductible à cette quotité. C'est donc bien l'effet et non le but qu'a envisagé le législateur. L'article 1496 n'est pas moins exclusif de toute distinction. Partout où il y a avantage indirect résultant de la confusion du mobilier ou des dettes, cet article est applicable, que l'avantage résulte des conventions matrimoniales ou de successions mobilières échues pendant le mariage, peu importe (1).

154. Quand même les époux n'auraient pas fait de contrat de mariage, les articles 1496, 1527 et 1098 devraient être appliqués, car, en se mariant sans contrat, ils se sont soumis au régime de la communauté légale ; c'est une convention tacite.

Toutefois, cela résulte de l'article 1527, les bénéfices provenant des travaux communs et des économies faites sur les revenus respectifs, quoique inégaux des deux époux, ne sont pas considérés comme un avantage fait au préjudice des enfants du premier lit.

155. La clause qui attribuerait, en vertu de l'article 1525, la communauté tout entière à un seul des époux, devrait être considérée comme un avantage indirect. C'est ce qu'a décidé la Cour de Cassation, le 24 mai 1808.

La clause de préciput pourrait être aussi considérée comme un avantage indirect, en considérant les apports des époux, soit lors du mariage, soit pendant le mariage.

156. *Autres faits d'un époux ayant pour objet et pour résultat d'enrichir l'autre.* — Les conventions que nous venons d'indiquer ne sont pas les seules qui tombent sous l'application de l'article 1099. Tous les faits qui auraient pour objet et pour

(1) M. Duranton, t. IX, n° 307. — *Contrà*, Toullier, t. XIII, n° 290.

résultat d'enrichir le nouvel époux, devraient être considérés comme des donations indirectes et réduites comme telles à la quotité de l'article 1098.

Ainsi, un mari renonce à une succession avantageuse afin que sa femme, parente au même degré que lui, recueille cette succession entière ; c'est une donation indirecte.

Un mari vend un immeuble et fait mettre dans le contrat un prix inférieur à celui qu'il a reçu, afin de diminuer la récompense qui lui sera due par la communauté, qui a touché le prix ; c'est encore une donation indirecte.

157. Avant de nous demander quelles personnes ont qualité pour attaquer les donations excédant la quotité disponible de l'article 1808, une question importante nous reste à examiner.

Il existe ou il semble exister une opposition entre les deux alinéas de l'article 1099. Cet article s'exprime ainsi : « Les époux ne pourront se donner indirectement au delà de ce qui leur est permis par les dispositions ci-dessus.

» Toute donation déguisée ou faite à personnes interposées sera nulle. »

Que faut-il entendre par ces derniers mots : « sera nulle »? L'article 1099 frappe-t-il les donations déguisées d'une nullité absolue, ou ces donations seront-elles seulement réductibles dans les limites de la quotité disponible ?

La première opinion est embrassée par un grand nombre d'auteurs, et suivie, en général, par la jurisprudence.

Il faut, dit-on, distinguer entre les donations indirectes et les donations déguisées ou faites à personnes interposées ; l'article 1097 permet les premières dans le premier alinéa, et prohibe les secondes dans le second. Cette distinction se comprend, ajoute-t-on : En effet, une donation indirecte est une libéralité qui résulte d'un acte autre qu'un acte de donation ou un testament, mais fait sans fraude ni déguisement ; par exemple une renonciation à une succession avantageuse, une convention insérée dans un contrat de mariage, comme celles dont parle l'article 1527, la loi n'ordonne ici que la réduction. La donation est-elle déguisée sous forme d'une vente, par exemple, ou dissimulée par l'interposition d'une personne qui n'est pas le véritable donateur, la loi punit cette fraude en prononçant la nullité de la donation. D'ailleurs le texte est formel; où il y a: « sera nulle », on ne peut lire sera réductible.

Nous n'admettons pas cette doctrine, qui, sous l'apparence du respect pour le texte de la loi, va directement contre son esprit; et conduit en outre à des conséquences funestes.

Qu'une belle-mère, par exemple, fasse à l'enfant de son premier mari une donation, cet enfant est réputé personne interposée. Dans notre système, la donation devra être réduite à la quotité de l'article 1098; dans le système contraire, quelque modique qu'elle soit, elle sera nulle, et nulle absolument; de telle sorte que les collatéraux eux-mêmes pourraient se prévaloir de cette nullité.

Une femme, ayant des enfants d'un premier mariage, épouse un veuf qui a lui-même des enfants; elle ne lui fait aucun avantage par son contrat de mariage, mais plus tard elle dote un de ses enfants du premier lit. On ne se contentera pas de réduire la donation qu'elle a faite, on la déclarera nulle; on ne lui permettra pas de déverser sur l'enfant de son mari une libéralité qu'elle veut lui faire! D'ailleurs ce déguisement est-il tellement immoral qu'il soit nécessaire de le punir de toute la rigueur des lois civiles? On l'emploiera quelquefois pour ménager l'orgueil d'une famille qui ne veut pas étaler aux yeux du monde la gêne où elle se trouve, le plus souvent encore pour éviter un droit fiscal.

Est-ce le cas de se montrer sévère; en vérité nous ne le pensons pas.

Mais laissons de côté les considérations morales et examinons les textes.

Dans l'ancien droit, d'abord, ni la loi *Hac Edictali*, ni l'édit des secondes noces ne prononçaient contre les donations déguisées une nullité absolue. Est-il probable que les rédacteurs du Code, presque toujours moins sévères que l'édit qu'ils avaient sous les yeux, aient voulu, dans cette circonstance, enchérir sur ses rigueurs! Du moins faudrait-il, pour le croire, que la discussion du Conseil d'Etat en fît mention. Bien au contraire, tous les orateurs se sont bornés à constater le maintien pur et simple de l'ancien droit.

Quant aux termes de l'article, examinons-les et voyons s'ils sont aussi absolus qu'on le prétend. Dans le système contraire on dit qu'il y a opposition entre le premier et le deuxième alinéa. Nous disons, nous, que le second alinéa est intimement lié au premier; dans le premier le législateur pose le principe, dans le second il déduit la conséquence; le mot de nullité doit donc être pris, non pas isolément, mais combiné avec les termes du premier alinéa. Dès lors on admettra avec nous qu'il ne s'agit que d'une nullité partielle, d'une nullité pour tout ce qui excède la quotité disponible, d'une réduction. Qu'importent donc les mots : « sera nulle. » L'article 911 porte les mêmes termes, et cependant, lorsqu'ils s'appliquent à des personnes qui peuvent recevoir une certaine quotité, la nullité, malgré les termes tout aussi formels, se change en réduction.

J'ajoute, en outre, que la preuve que le second alinéa n'est que la conséquence du premier, c'est que l'expression : « donner indirectement » comprend tout ce que renferme le deuxième alinéa, et que les deux expressions, donations déguisées et faites à personnes interposées, comprennent toutes les donations indirectes qui peuvent être faites.

On a voulu, il est vrai, trouver des cas dans lesquels on donnerait indirectement sans déguisement ni interposition de personnes. Nous avouons que les divers cas cités, tels que la vente à vil prix, les conventions matrimoniales, nous paraissent des moyens déguisés de faire une donation.

Mais alors, objecte-t-on, si le législateur n'a voulu exprimer qu'une même idée dans les deux parties de l'article, à quoi bon cette répétition? Deux réponses peuvent être faites. D'abord c'est qu'il vaut mieux trouver dans la loi une répétition qu'une antinomie; or, si, comme nous le croyons, l'expression: donations indirectes comprend les donations déguisées et les donations à personnes interposées, et ne comprend pas autre chose, il y aurait de la part du législateur une flagrante contradiction. D'ailleurs, et en second lieu, il n'y a pas, comme on veut le dire, de vaine répétition. Il y a un principe posé, le législateur l'explique ensuite en énumérant dans un second alinéa les divers cas que le premier comprenait implicitement (1).

### § III. — *Des personnes par qui l'action en retranchement peut être exercée et de ses effets.*

158. Le droit de faire réduire les donations consenties au second époux, à la limite fixée par l'article 1098, appartient évidemment et tout d'abord aux enfants du premier lit. C'est en leur faveur que cet article a été établi ; ce droit leur appartiendrait quand même ils y auraient renoncé du vivant du donateur. Cette renonciation qui constituerait un pacte sur une succession future serait d'ailleurs présumée n'être pas libre. Mais, comme nous l'avons dit au paragraphe premier, ce droit ne leur appartient qu'autant qu'ils viendront à la succession de leur père donateur.

159. Lorsque la réduction aura été demandée et obtenue par les enfants du premier mariage, ceux du second lit partageront avec eux le retranchement obtenu. La question faisait doute autrefois. En effet, si la loi *Quoniam*, au code *De secundis nuptiis*, se décidait pour un partage égal entre les différents enfants, la novelle 22 attribue le retranchement exclusivement aux enfants du premier lit. Les pays coutumiers et même quelques pays de droit écrit finirent cependant par se ranger à la doctrine du partage égal défendu par Ricard. Décider autrement ce serait établir l'inégalité entre les enfants d'un même père ou d'une même mère. Ajoutons que les enfants du second mariage faisant nombre pour la fixation de la part d'enfant, on

---

(1) M. Duranton, t. IX, nº 831.—Coin-Delisle, art. 1099, nº 13.— Vazeille sur 1099, nº 16.—Poujol, *Des Donations*, Ibid., nº 5. — Malleville, Ibid. — Arrêt de Paris, 21 juin 1837.— *Contrà*, Grenier, *Donations*, nº 691.— Toullier, t. V, nº 901.—Marcadé sur 1099.—Arrêt de Cass., 27 mai 1838. — Toulouse, 13 mai 1835. — Caen, 6 janv. 1845.

ne concevrait pas qu'ils ne vinssent pas prendre part dans le retranchement obtenu. Aujourd'hui tous les auteurs sont d'accord sur ce point.

160. Les enfants du second mariage ne peuvent pas de leur chef demander le retranchement lorsqu'il n'y a plus d'enfants du premier lit, ou qu'ils renoncent; car, nous l'avons déjà dit, s'ils renoncent c'est, par rapport à la succession, comme s'ils n'existaient plus ; mais dès que ceux-ci acceptent, les enfants du second lit sont saisis du droit de demander le retranchement dont ils doivent profiter ; les enfants du premier lit ne peuvent en faveur de leur beau-père ou belle-mère, et au préjudice de leurs demi-frères, renoncer à demander la réduction.

161. Le droit de demander la réduction est une conséquence de la réserve légale, elle ne saurait donc appartenir à l'époux donateur. Les termes des articles 1098 et 1496 ne s'opposent pas moins que l'esprit général de la législation à cette extension. C'est seulement, en effet, à la mort du donateur qu'on saura s'il a outrepassé la quotité disponible, car si les enfants du premier lit meurent avant lui, ce ne sera plus l'article 1098 qu'on devra appliquer. Aussi l'article 1496, en parlant de ceux à qui appartient l'action en retranchement, ne nomme-t-il que les enfants (1).

162. Cette action est à la fois personnelle et réelle ; personnelle vis-à-vis de l'époux donataire, réelle vis-à-vis des tiers à qui il aurait transmis les biens donnés. Ces derniers ne les ont reçus que grevés d'une condition résolutoire, ils ne sauraient avoir des droits plus irrévocables que leur auteur.

163. On décidait dans l'ancien droit que le retranchement ne devait pas être imputé sur la légitime des enfants. Grenier, sous l'empire du Code, a suivi la même doctrine. Il en est de même de Toullier, qui avait cependant admis qu'il fallait être héritier pour prendre part à la réduction.

Il oppose à l'imputation l'art. 921 du Code Napoléon qui

(1) M. Troplong, *Du Contrat de Mariage*, n° 2220. — *Contrà*, Arrêt de Bordeaux du 5 juillet 1824.

décide que les légataires ne doivent pas profiter de la réduction des donations entre vifs. On violerait, dit-il, cet article si, dans le cas de concours entre l'époux donataire et un légataire universel, la donation faite au second époux et sa réduction obtenue s'imputant sur la réserve, le legs se trouvait maintenu.

Nous répondrons à cette objection que cet article 921 n'a pas d'autre but que d'empêcher les créanciers et les légataires de poursuivre leurs droits sur les biens donnés et rentrés dans le patrimoine du défunt par l'action en réduction des héritiers. Mais ici qui peut se plaindre? La réserve reste intacte, le droit des enfants est sain et sauf, et celui des père et mère est maintenu dans les limites de la quotité disponible (1).

**164.** Reste une dernière question. L'époux prend-il part dans les biens qu'on retranche de sa donation lorsqu'il a droit à une part d'enfant? Ricard et Pothier se décidaient pour la négative en se fondant sur des lois romaines qu'on pourrait peut-être discuter. Mais qu'importe, le droit romain n'a plus force de loi aujourd'hui, et nous pensons que les termes de l'art. 1098 repoussent l'interprétation des anciens auteurs qui, du reste, n'étaient pas unanimes sur ce point. La part de l'enfant le moins prenant doit toujours être la mesure de celle du second époux, pourvu que cette part ne dépasse pas le quart des biens. Si l'époux donataire compte pour un enfant de plus, il doit y avoir entre lui et les enfants égalité parfaite (2).

---

(1) Vazeille sur l'art. 1098, n° 16. — Toulouse, 1er février 1828. — Grenoble, 19 mars 1830. — *Contrà*, Toullier, t. V, n° 583. — Grenier, *Donations*, n° 707.

(2) Delvincourt, t. II, p. 443.—Vazeille sur 1098, n° 17.— *Contrà*, Grenier, n° 708.

# PROPOSITIONS.

---

## DROIT ROMAIN.

I. La solidarité peut résulter du contrat *litteris*.

II. Le *mutuum* ne donne pas naissance à la solidarité.

III. Le testament peut donner lieu à la solidarité passive, comme à la solidarité active.

IV. Le débiteur qui a payé le tout n'a pas de recours contre ses codébiteurs solidaires.

V. On ne peut concilier les lois 18, Dig., *De duob. reis const.*, et la loi 32, § 4, *De usur. et fruct. et morâ.*

VI. Le bénéfice de division accordé par la novelle 99 aux fidéjusseurs mutuels, ne s'applique pas aux codébiteurs soli-

VII. Un créancier solidaire peut faire novation.

## DROIT CIVIL FRANÇAIS.

I. Après le retour de l'absent toute personne intéressée est recevable à attaquer le mariage contracté par son conjoint, conformément à l'art. 184.

II. Les époux divorcés avant la loi du 8 mai 1816 peuvent aujourd'hui se remarier ensemble.

III. L'époux contre lequel la séparation de corps a été prononcée pour cause d'adultère peut, après la dissolution du mariage, se remarier avec son complice.

IV. L'enfant né dans les trois cents jours qui suivent la mort du mari, ne peut être valablement reconnu et légitimé par un homme qui épouse sa mère.

V. L'enfant âgé de moins de seize ans ne peut être détenu pour un temps excédant un mois sur la réquisition de son père remarié.

VI. L'enfant détenu par voie de réquisition peut dans tous les cas adresser un mémoire au procureur général pour réclamer sa liberté.

VII. Le père ou la mère remariés ne recouvrent pas en redevenant veufs les mêmes pouvoirs quant au droit de correction qu'ils avaient avant leur second mariage.

VIII. La nullité prononcée contre le second mariage consenti librement par une femme n'empêche pas qu'elle ait perdu par le fait seul de ce second mariage l'usufruit légal qu'elle avait sur les biens de ses enfants; et cela qu'elle fût de bonne ou de mauvaise foi.

IX. La femme qui se remarie ne perd pas par là même le droit de demander des aliments au père ou à la mère de son premier mari.

X. Les biens d'une femme qui se remarie sans convoquer le conseil de famille, continuent d'être frappés d'hypothèque légale.

XI. Lorsqu'une femme se remarie sans convoquer le conseil de famille, la responsabilité qu'encourt dans ce cas le second mari ne s'étend pas à la gestion antérieure au mariage.

XII. L'hypothèque légale accordée aux mineurs sur les biens de leur beau-père cotuteur prime l'hypothèque légale de la femme sur ces mêmes biens.

XIII. Le conseil de famille ne peut en conservant la tutelle à la mère lui imposer des conditions d'administration qui ne seraient pas autorisées par un texte formel.

XIV. Pour évaluer la part d'enfant que la loi permet de donner au second époux, on n'a pas égard aux enfants qui ne viennent pas à la succession de l'époux donateur.

XV. L'époux donateur qui a déjà épuisé lors d'un second mariage la quotité disponible de l'art. 1098, ne peut plus rien donner à la personne qu'il épouse en troisièmes noces.

XVI. Les donations déguisées ne sont pas nulles absolument, elles sont seulement réductibles à la quotité de l'art. 1098.

## DROIT CRIMINEL.

I. La prescription du crime de bigamie court du jour même de la célébration du mariage par laquelle il est consommé.

II. Il n'y a pas tentative punissable de bigamie, lorsqu'au

moment de la célébration, la fraude a été découverte par une circonstance indépendante de la volonté des futurs époux.

III. En défendant de reprendre ou accuser à raison du même fait l'accusé acquitté, l'art. 360 du Code de l'instruction criminelle prohibe une poursuite fondée sur une incrimination différente, quoique sur le même fait matériel.

## DROIT DES GENS.

I. L'étranger divorcé suivant la loi de son pays doit être admis à se remarier en France.

II. Le pavillon couvre la marchandise.

*Vu par le Président de la thèse,*
E. Bonnier.

*Vu par le Doyen,*
C.-A. Pellat.

Permis d'imprimer :
*Le Recteur de l'Académie de la Seine,*
Cayx.

Paris. — Imprimé par L. Grimaux et C^e, 16, rue du Croissant.

www.ingramcontent.com/pod-product-compliance
Ingram Content Group UK Ltd.
Pitfield, Milton Keynes, MK11 3LW, UK
UKHW020354230726
13925UKWH00003B/1115

9 782014 024135